Marília de Dirceu

A musa, a Inconfidência e a vida privada em *Ouro Preto* no século XVIII

Baseado na biografia escrita por Alexandre Ibañez
Um romance de Staël Gontijo

Marília de Dirceu

A musa, a Inconfidência e a vida privada em *Ouro Preto* no século XVIII

Copyright © 2012 Alexandre Ibañez e Staël Gontijo
Copyright © 2012 Gutenberg Editora

PROJETO GRÁFICO DE CAPA
Diogo Droschi
(Vila Rica, por Armand Julien Pallière, 1820. Museu da inconfidência, Ouro Preto)

EDITORAÇÃO ELETRÔNICA
Waldênia Alvarenga
Tales Leon de Marco

PREPARAÇÃO DE TEXTO
Cristina Antunes

REVISÃO HISTÓRICA
Mariza Guerra

REVISÃO
Dila Bragança de Mendonça

GERENTE EDITORIAL
Gabriela Nascimento

Revisado conforme o Acordo Ortográfico da Língua Portuguesa de 1990, em vigor no Brasil desde janeiro de 2009.

Todos os direitos reservados pela Editora Gutenberg. Nenhuma parte desta publicação poderá ser reproduzida, seja por meios mecânicos, eletrônicos, seja via cópia xerográfica, sem a autorização prévia da Editora.

EDITORA GUTENBERG LTDA.

São Paulo
Av. Paulista, 2073 . Conjunto Nacional
Horsa I . 11º andar . Conj. 1101
Cerqueira César . 01311-940 . São Paulo . SP
Tel.: (55 11) 3034 4468

Belo Horizonte
Rua Aimorés, 981, 8º andar . Funcionários
30140-071 . Belo Horizonte . MG
Tel.: (55 31) 3214 5700

Televendas: 0800 283 1322
www.editoragutenberg.com.br

Dados Internacionais de Catalogação na Publicação (CIP)
(Câmara Brasileira do Livro, SP, Brasil)

Ibañez, Alexandre
  Marília de Dirceu : a musa, a Inconfidência e a vida privada em *Ouro Preto* no século XVIII / Alexandre Ibañez, Staël Gontijo. – Belo Horizonte : Gutenberg Editora, 2012.

  ISBN 978-85-65383-17-2

  1. Literatura brasileira 2. Inconfidência Mineira - História 3. Romance biográfico brasileiro 4. Romance histórico 5. Vila Rica 6. Ouro Preto 7. Seixas, Maria Dorothea Joaquina de, 1767-1853 I. Gontijo, Staël. II. Título.

12-02762   CDD-869.93

Índices para catálogo sistemático:
1. Biografia histórica romanceada : Literatura brasileira   869.93

Agradeço a Deus, por permitir que eu tenha sido o instrumento deste trabalho. Ao meu pai, que infelizmente não pôde ver o término desta obra, mas que, certamente, esteve sempre comigo. À minha família e amigos, pela compreensão e apoio concedidos nos momentos de desapego, motivados pela concentração e dedicação às pesquisas sobre o assunto. Enfim, a todos que conheci durante esta jornada histórica.

Alexandre Ibañez

Sou grata a Abílio Machado Filho, saudoso sogro, por compartilhar comigo a sua biblioteca, apresentando-me autores que narraram a multiplicidade de Minas, e deles pude beber os momentos de glória, embates e até tramas culinárias das Minas Gerais. Se não fosse por esse futurista, zeloso com a preservação da história e amante de seu Estado, talvez eu não tivesse a oportunidade de passar os olhos em algumas obras quase desconhecidas e fontes riquíssimas de conhecimento ancestral. São fileiras e fileiras de erudição catalogada ao longo de uma vida plena e lúcida.

Agradeço a ele por sugerir uma ou duas vezes – repetir conselhos ia de encontro à sua vigilante discrição – que eu escrevesse sobre um personagem mineiro, de relevância para a nossa memória.

Pois bem, doutor Abílio, eis aqui! Ciente de que a modéstia sempre norteou as suas ações, peço-lhe licença para ignorá-la e dedicar este livro a você – um modo de agradecer um pouco do muito que me ensinou em nossa breve convivência. Afinal, o que é uma década quando se precisa apreender o conhecimento de um sábio?

Meus agradecimentos também a P. S. Lozar não só pelo profundo conhecimento linguístico, como também pelos apontamentos históricos.

Staël Gontijo

Apresentação 13

Capítulo I **Maria Dorothea Joaquina de Seixas** 33
    Rua Direita, o infausto 33
    Solar dos Ferrões, a origem 54
    Entre o eldorado e a decadência 65

Capítulo II **Marília de Dirceu** 73
    Um certo ouvidor 73
    A conquista 88
    A noite de gala 102

Capítulo III **As trapaças da sorte** 109
    Reuniões e planos 109
    A caça às bruxas 117
    Caminhos distintos 134
    Os filhos das ervas 142

Capítulo IV **Uma lenda viva** 157
    Os últimos anos 157
    Mitos e lendas 170

Nota 225
Fontes consultadas 227

Maria Dorothea Joaquina de Seixas (Marília)

Para bem a conheceres, eu te dou os sinais todos
Do seu gesto, do seu talhe, das suas feições, e modos.
O seu semblante é redondo, sobrancelhas arqueadas,
Negros e finos cabelos, carnes de neve formadas.
A boca risonha, e breve, suas faces cor-de-rosa,
Numa palavra, a que vires entre todas mais formosa.

(*Marília de Dirceu* – 2ª Parte – Lira XXXVII)

Thomas Antonio Gonzaga (Dirceu)

Já não cinjo de louro a minha testa.
[...]
Já, já me vai, Marília, branquejando.
Louro cabelo, que circula a testa;
Este mesmo, que alveja, vai caindo,
E pouco me resta.

(*Marília de Dirceu* – 2ª Parte – Liras I e IV)

Apresentação

Sempre ouvi dizer que a vida de Marília desvaloriza uma biografia, por ela ter sido apenas um apêndice de Thomas Antonio Gonzaga. Além disso, sabemos pouco sobre fatos fundamentais da sua história, não temos certeza das suas feições, com quem flertou antes do poeta, se tentou partir junto com os degredados da Conjuração ou amargurou resignada as agruras do destino. Não deixou um diário, os documentos e fontes primárias são quase inexistentes, a tradição oral se confunde com a lenda. Mesmo assim, sempre fui interessada não só pela sua personalidade, mas também por sua época, pela maneira como ela vivenciou acontecimentos da história brasileira, pela cidade que viu crescer, pela geração brilhante de intelectuais com quem conviveu. Quanto mais eu lia *Marília de Dirceu*, sobre ela e seu mundo, mais me fascinava. Gradualmente fui percebendo que era assim que podia enxergar um pouco mais de sua personalidade – e ela também se mostrava fascinante.

Marília, como toda musa, foi ao mesmo tempo expressão de sua época e exceção a ela. Pelo estudo de sua vida podemos conhecer melhor Minas Gerais e observar como ela foi diferente dos contemporâneos. Sua vida foi mais agitada, mais rica e significativa do que se supõe.

Ela enfrentou muitos preconceitos de sua época: o preconceito sexual, como uma mulher que viveu 85 anos de um século que se pautou pelo machismo; o preconceito social, como noiva de um *traidor*, e depois como solteirona reclusa em seu mundo de perdas; e o preconceito religioso que a confinou à solidão de uma vida casta. Por outro lado, realizou com dignidade rara uma ascensão estável naquela sociedade paternalista: foi considerada uma celebridade de quem até o imperador quis beijar a mão. Amada por um dos maiores poetas do Arcadismo, que enxergou nela predicados de excelência que o sistema colonial sequer cogitava para uma mulher.

A poesia de Gonzaga é a maior fonte de pesquisa sobre Marília. Lá encontramos o contorno de seu semblante, seus maneirismos, o gênio ora doce e infantil, ora distante e com pitadas de sarcasmo. As liras narram o seu tempo e adversidades – são o seu retrato em versos. Ao observá-las sob o caráter do autor, considerado um naturalista, o que naquele tempo significava homem materialista fadado à realidade quase pessimista, teremos a primeira biografia de Marília e narrada na linguagem subjetiva dos estados da alma.

Diante da escassez de dados, falar sobre Marília é um desafio. Os anos setecentos em Minas tornam-se desafiadores a quem se propõe compilar fatos que não estejam agregados à extração aurífera. Nesse século, só é possível conceber a Capitania mais rica da América portuguesa por meio de alguns documentos e poesias como *Marília de Dirceu* ou as *Cartas chilenas*.

Foi como se os intelectuais mineiros tomassem a si a missão de registrar a história e a narrassem em cantos. E foi com tal material – espécie de *Os Lusíadas* ouro-pretano – dissecado, e ancorado na pesquisa de Alexandre Ibañez, que este romance foi construído. Isso é apavorante e maravilhoso.

Apavorante, porque biografia é terreno minado, que nem rigoroso mapa é capaz de vencer, e que acaba por encerrar o autor no meridiano dos valores exegético, evolutivo e de influência, exigindo dele a responsabilidade para com a verdade sem anular a imaginação. Ou seja, se suprimir material para criar determinado efeito, falha na verdade; se se contentar com o relato dos fatos, falha na arte.

Maravilhoso, porque as liras sobre Marília proporcionaram momentos de arrebatamento e êxtase que só um bom poema pode conceder. Tive a sorte de poder trocar o caminho árduo e, às vezes, enfadonho dos arquivos de dioceses, a poeira dos documentos de museus, por uma pesquisa em prosa, decassílabos e redondilhas. Trabalhar assim foi materializar a própria manifestação do abstrato.

Este romance biográfico apresenta nova perspectiva de uma das personagens mais importantes da história brasileira. Buscou narrar a Marília cingida pela ascensão e decadência da sociedade de uma Vila Rica que chegou a ser comparada com Londres e Paris, e que se perdeu na precariedade da saúde, nas feridas da economia e na cupidez religiosa.

O objetivo desta obra é puramente histórico; e embora espere poder ajudar os que tentam explicar e analisar a figura de Marília nos textos de Gonzaga, só o posso fazer pela apresentação de fatos que, espero, serão um relato claro e verdadeiro do caráter e da evolução pessoal daquela que é meu tema. Não há outro modo de contribuir para a crítica literária. Mesmo que tivesse equipamento para essa tarefa, não teria inclinação para ela; já achei bastante difícil esclarecer um pouco dessa complexidade sem me aventurar por outras direções.

Ao moldar versos à pesquisa histórica, encontrei uma Vila Rica pululante, onde pude ouvir o trote dos cavalos adentrando nas vielas; as carruagens rangendo desesperadas na fuga de ladrões sedentos de ouro.

Caminhei por praças abarrotadas de *sinhás* em seda e tafetá, refresquei-me em chafarizes ornados de escravas buliçosas. Senti os aromas pitorescos do fogão a lenha, aquecido pela marcação dos sinos. Lastimei o açoite de escravos ao raiar do dia e os segredos de alcova que as noites encobriam. Segredos que facultaram uma geração marginal – os filhos das ervas[1].

Entristeci-me com o domínio de um reino carunchado, muitas vezes corrupto e raras vezes equânime com sua gente. Despachos imperiais escancararam a usura. Certidões e rimas desenharam a genealogia de um povo originado de diversos continentes, das matas e do litoral.

Fiquei frente a frente com comitivas fastuosas a ciceronear nobres europeus enquanto outras degredavam aqueles que ousaram sonhar. Assisti a uma Justiça se perverter em nome do despotismo.

Foi um mar de sensações! Convido você, leitor, a navegar comigo.

---

[1] Filhos das ervas: filhos ilegítimos, bastardos ou incestuosos, enjeitados.

◐ Antiga Rua Tiradentes, atual Rua São José, onde morou o alferes inconfidente Joaquim José da Silva Xavier, o Tiradentes.

◐ Partida do Batalhão da Cidade de Ouro Preto para a Guerra do Paraguai, em 1865. Ao fundo, em destaque, o antigo Palácio dos Governadores, obra construída entre 1741-1744. A coluna Saldanha Marinho, primeiro monumento comemorativo da Inconfidência, ainda não estava na praça central. À direita ainda pode-se ver o antigo fórum, com suas colunas arqueadas, antes de ser destruído pelo incêndio de 1949.

◐ Vista da antiga Casa de Câmara e Cadeia, construída entre 1784-1797. Atualmente, o edifício abriga o Museu da Inconfidência Mineira de Ouro Preto. No centro da praça já se pode a ver coluna Saldanha Marinho, monumento comemorativo do centenário da Inconfidência Mineira.

◐ Antiga Ladeira dos Caldeireiros, hoje Rua do Pilar. No atual n. 76 residiu D. Izabel Feliciana Narciza de Seixas, casada com o oficial dos Dragões Cel. Francisco Sanchez Brandão, mãe da poetisa Beatriz Brandão e tia de Marília.

◐ Vista do bairro Antonio Dias, em primeiro plano, com destaque para a Igreja Conceição de Antonio Dias, o casario e a ponte do Palácio Velho. Em segundo plano, vê-se a Igreja S. Francisco de Assis, e ao fundo está a antiga Casa de Câmara e Cadeia. O detalhe curioso nesta imagem é a torre isolada da Igreja N. S. da Conceição, situada no centro de um vão entre as casas, que se prolonga em declive semelhante a um tobogã. Ali, atualmente, se encontra a casa paroquial. Diz-se que esse espaço era ocupado por um cemitério; não existem documentos comprobatórios, mas muitos ossos humanos foram ali encontrados antigamente. A torre, ou campanário, continha um sino e era parte desse cemitério.

◐ Restauração de uma residência em Ouro Preto feita de pau a pique, conforme as técnicas de construção colonial setecentista. Taquaras de bambu eram entrelaçadas e amarradas com corda ou couro, depois preenchidas com uma argamassa à base de barro, esterco, cal e areia. As paredes dos antigos casarões ainda escondem, atrás da caiação, as velhas pinturas ornamentais muito em voga durante a colônia e o império.

◐ Saguão de entrada da casa do tenente-coronel Ventura Fernandez de Oliveira, contratador de Dízimos e Entradas e juiz ordinário de Vila Rica. A construção, original do século XVIII, encontra-se na antiga entrada para Vila Rica, no Bairro das Cabeças, próximo à Ponte do Rosário. Na imagem, podemos ver as janelas com venezianas do tipo gelosias, as conversadeiras de pedra e um piso de seixos rolados, em duas cores, formando desenhos em forma de X.

◐ Igreja de São Francisco de Paula. Ao fundo, o Pico do Itacolomi, mais conhecido em tempos coloniais como o "Farol dos Bandeirantes".

◐ Escravos presos e acorrentados aguardam o embarque na África. Cenas como esta eram retrato de um cotidiano que ainda persistia em meados do século XIX.

◐ Fotografia de autoria anônima (1860), mostra jovem da família baiana Costa Carvalho numa liteira, ou cadeirinha de arruar, cercada por dois escravos de fraque e cartola, porém descalços (uma das possíveis origens do termo popular "pé-rapado").

◐ Barra de ouro de 22 quilates procedente de Vila Rica, datada de 18/01/1804.

◐ Diferentes tipos de diamante, mineral muito explorado nas Minas Gerais durante o período colonial, em suas formas naturais. Da esquerda para a direita: diamante negro fosco; diamante octogonal de cor champanhe; diamante verde octogonal; diamante branco, conhecido como "chapéu de padre" devido ao seu interessante formato.

◐ O famoso diamante Estrela do Sul é considerado o sexto maior diamante do planeta. A pedra foi encontrada em Minas Gerais, na cidade de Vila Bagagem, atual Estrela do Sul, em 1853. Segundo uma das lendas, a pedra estava à flor da terra após uma chuva e foi encontrada por uma escrava, que conseguiu com ela sua alforria. A pedra bruta possuía 261,2 quilates, mas lapidada ficou reduzida a 128,4. Ainda assim, tem grau de pureza tipo V-2, o que lhe conferiu num leilão da Casa Cartier de Paris, em 2004, o valor de U$ 50 milhões. Abaixo, vê-se o Estrela do Sul sozinho e bem ao centro do colar. À esquerda, em foto de 1948, a indiana Sita Devi, Maharani de Baroda, usa uma versão um pouco modificada do colar abaixo.

◉ Ao centro, com uma bandeira (provavelmente do Império) hasteada na fachada, a Casa do Ouvidor. No início do século XX, a antiga residência já servia como chefatura da Polícia de Ouro Preto.

◉ Casa da Ouvidoria da Comarca, em Vila Rica, onde se hospedou, entre 1782 e 1788, Thomas Antonio Gonzaga. A residência palaciana servia como moradia e como local de despacho do ouvidor. Foi em meio aos jardins dessa casa que se iniciou o lendário idílio entre Gonzaga e Marília e onde o poeta inconfidente escreveu suas mais belas liras dedicas à jovem Maria Dorothea. Também foi aí que, na década de 1950, o Sr. Inácio Pinheiro revelou ter encontrado a controvertida "aliança de Marília", escondida num batente de uma dessas portas ou janelas.

◐ Túnel encontrado atrás de um chafariz no quintal de uma residência da Rua Conde de Bobadela (antiga Rua Direita). A passagem, que atravessa todo o quintal da casa e passa pela rua paralela aos fundos, parece chegar até um ponto soterrado da Igreja Matriz de Nossa Senhora do Carmo. É provável que a casa e a paróquia mantivessem algum tipo de contato durante o período colonial.

◐ A Casa de Ópera de Vila Rica – hoje Teatro Municipal Casa da Ópera –, considerada a primeira casa de espetáculos da América do Sul, já existia de forma rudimentar desde 1715, mas foi somente em 1769 que uma construção mais sofisticada tomou seu lugar.

○ Residência palaciana de Manoel José da Costa Mourão, intendente do ouro de Vila Rica – a última morada de Gonzaga, entre 1788 e 1789. Situa-se na antiga Ladeira da Praça, hoje Rua Cláudio Manoel, n. 38. Na imagem do alto, pode-se perceber que a casa possui uma vista privilegiada da Igreja de São Francisco de Assis. Na do meio, pode-se apreciar a porta de entrada lateral, à direita da qual se encontra a mítica janela do quarto onde o inconfidente dormia. Segundo se conta, foi por essa janela que as forças da coroa portuguesa adentraram a habitação e prenderam Gonzaga durante a madrugada do dia 23 de maio de 1789. Na última imagem, tem-se uma vista interna da janela, já restaurada, que hoje adorna a sala de jantar. Parte desse espaço era antes a pequena alcova onde o poeta se hospedava e dormia, enquanto aguardava seu casamento com Marília.

🔵 Durante as reformas na antiga casa de Manoel José da Costa Mourão, o amigo anfitrião de Gonzaga, quando chegaram ao nível do solo original no quintal dos fundos, onde naqueles tempos todo o lixo era jogado, foram encontrados vários objetos interessantes: pedaços de antigas panelas de pedra (a); cacos de finas louças portuguesas do tipo "borrão azul" (b), além de faianças com delicados desenhos florais, à moda das porcelanas da Companhia das Índias (c); e um delicado botão de cobre (d). Também foram encontrados restos de machado (e), um cravo, usado para fixar estruturas de madeira (f), uma ferradura de mula (g) e uma curiosa torneira (h).

A torneira de bronze foi encontrada num nicho atrás da parede de pedras, durante as reformas da cozinha interna da casa. Por seu estado, seu desenho e seu modelo, podemos nos arriscar a determinar que se trata de uma peça única, jamais encontrada no Brasil, sendo talvez o único exemplar do período colonial, quando esses tipos de peças eram fabricadas ou importadas pela metrópole portuguesa.

O magnífico botão de cobre possui em seu relevo uma delicada flor, símbolo da Arcádia. Esse tipo de botão era muito usado na Europa do século XVIII em casacos de veludo e punhos de camisas rendadas. Apesar da pátina advinda da ação do tempo, o botão encontra-se muito bem-conservado, deixando revelar a delicadeza de seus detalhes.

◐ Durante as obras de restauração na antiga casa de Manoel José da Costa Mourão foi também encontrado um alçapão, que sai da escadaria do segundo piso e leva ao que parece ter sido um esconderijo. O aposento secreto (que podia esconder e abrigar confortavelmente mais de uma dúzia de pessoas) fica atrás da alcova do oratório, resguardado por uma parede falsa, também revelada durante a reforma, quando do destelhamento da casa. Seria esse o lendário esconderijo dos inconfidentes?

CAPÍTULO I

Maria Dorothea Joaquina de Seixas

Rua Direita, o infausto

É provável que Maria Dorothea, apesar de seus oito anos de idade, tenha percebido que as contrações da mãe, dessa vez, fossem diferentes dos quatro partos anteriores e que ela, como primogênita do casal Mayrink, presenciara.

Partos naquela casa se tornaram prática quase bienal. Anna Ricarda em 1770, José Carlos em 1772, Emereciana Joana em 1774. Vá lá que o de Francisca, no final de 1772, tenha sido difícil. Uma tragédia, diria Dorothea que não entendeu tamanho esforço da irmã para, no fim, permanecer poucos dias neste mundo. Antes tivesse ela nascido *dormindo* como os natimortos da senzala. O parto, as doenças sexualmente transmissíveis e o bócio matavam tanto quanto o câncer na atualidade.

A medicina em Minas Gerais beirava a inexistência. Era natural a presença de práticos curadores ou de curandeiros que curavam em boticas e ao lado das estradas em consultórios improvisados; sem considerar os feiticeiros africanos e indígenas e as técnicas fantásticas utilizadas por eles.

Em Francisca aplicaram dieta especial que variava entre tintura de ervas medicinais e leite materno, juntamente com as caras e raras gotas da farmacopeia portuguesa. De nada adiantou, a menina nascera fraca, e a fraqueza a matou.

O ano de 1775 assombrou a família da rua Direita, atual rua Conde de Bobadela, com mais um parto laborioso. Dos episódios passados, leve lembrança de lençóis ensanguentados, baciadas de raízes para estimular as contrações – que Dorothea sabia fazer parte do ritual. Agora, lençóis trocados dezenas de vezes, lenha queimando solta no fogão para ferver baldes e baldes de água e o inesquecível rangido de botas do capitão Mayrink no assoalho, denunciavam algo de grave.

Entra a escrava, sai a parteira; retorna a parteira, e nada além de gemidos espaçados. De repente um choro de criança. A porta se abre, servindo de apoio aos sucessivos estampidos das mãos de Balthazar Mayrink. Sua mulher dera à luz um menino, mas não vivera para batizá-lo.

A preocupação de Balthazar Mayrink passou longe do velório, para as formalidades usaria da carolice das cunhadas ou do irmão Antônio Correia; afinal, o sacerdócio em Lisboa haveria de valer para algo mais que sermões na freguesia de Nossa Senhora do Pilar. Às escravas já havia sido comandada a limpeza da sala principal, o corte dos lírios para se arranjarem nos jarros de porcelana: um ou dois entre a porta e a mesa e dois robustos a emoldurar a cruz. Bolos e café no consolo à direita da janela, protegidos do vento para não esfriarem. As crianças se enfileirariam nas cadeiras dispostas a metro do corpo enquanto a da cabeceira haveria de ser ocupada pelo viúvo, que passaria aos cunhados e depois aos filhos os condolentes. Embora o corpo da esposa o confortasse, ele não via hora de enterrá-la e junto dela os tempos da rua Direita. As carpideiras embalavam as conjecturas de Mayrink, mas... estava decidido, ao fechar da cova, ele abandonaria os escritos burocráticos. O trabalho como escrivão da Fazenda iria mantê-lo acorrentado às obrigações domésticas, e a privação da liberdade pesar-lhe-ia mais que a peia.[2]

Desse modo, o viúvo resolve voltar à vida militar. Não havia como conciliar a carreira com a educação de quatro crianças na idade entre um e oito anos, isso sem contar o recém-nascido Francisco de Paula. Se a vida fosse perfeita, poderia ter dado cabo da criança ao invés da esposa. Não que tal pensamento ao corroer o cérebro de Mayrink denotasse uma pessoa cruel, não. Os tempos eram rudes e exigiam rudeza, principalmente dos homens que se viam na incumbência de livrar a família da fome, dos aventureiros do ouro que apareciam de quando em quando, da língua das comadres. Já que ele não carregava sangue real nas veias, era preciso trabalhar. Poucos viviam de ócio naquelas paragens.

Certo é que seu pai nascera em Portugal e lá gerara fortuna e consequente respeito – nada comparado ao poder da Corte – mas Mayrink era fruto do segundo casamento, e seu nascimento na freguesia da Sé distanciara-o da possibilidade de realeza, obrigando-o a abandonar o Rio de Janeiro para ir buscar riqueza em Vila Rica.

---

[2] Peia: grilhões de ferro usados para castigar os escravos.

Num universo escravocrata a mineração *seria* modo fácil de enriquecer, embora os cofres portugueses fossem como um buraco negro a sugar todo ouro e diamante que aflorasse na Capitania. Restou a Balthazar Mayrink ingressar na carreira militar. Essa carreira, unida a um bom casamento (leia-se: uma noiva de posses), propiciaria privilégios na Corte e vida abastada.

Bem mais fácil que burlar o controle do ouro foi usufruir dos músculos lapidados para conquistar a sexta filha do tenente-general Bernardo da Silva Ferrão e de D. Francisca de Seixas da Fonseca. O capitão Mayrink garantiu seu futuro ao desposar D. Maria Dorothea Joaquina de Seixas. Selou o compromisso numa terça-feira de agosto de 1765, na igreja de Nossa Senhora da Conceição de Antônio Dias, a mesma em que a noiva fora batizada. Ela entrou na igreja projetada por Manoel Francisco Lisboa – pai de Aleijadinho – conduzida pelo irmão Bernardo Manoel da Silva Ferrão, bacharel em cânones pela Universidade de Coimbra e senhor de muitas propriedades e negócios. As famílias Mayrink e Ferrão foram constituídas basicamente de clérigos e militares de alta patente, atividades de elite.

A Igreja gozou de poderes absolutistas por longos e penosos anos durante a colonização, consequentemente, era hábito das famílias abastadas de Vila Rica buscar seu nicho de poder com as proles, incentivando os filhos ao uso de batinas que tornavam os soldos e os poderes garantidos. Na metade do século XVIII Vila Rica possuía mais de 80 párocos.

A religião influenciava desde as decisões mais simples da Colônia até as mais importantes. A velocidade, a organização e o requinte com que as irmandades ergueram as igrejas matrizes de Vila Rica refletiam muito mais o objetivo de manipulação ideológica do que o fervor religioso, característico dos portugueses. Mais tarde o misticismo pregado pelos vigários, aliado ao materialismo, viria fundir os elementos culturais diferenciados que criariam o sincretismo mineiro baseado no hibridismo da cultura negra ou indígena com a religião católica. Naquela época, a hipocrisia religiosa e a ignorância da população eram tamanhas que todos os crimes e abusos eram tolerados, desde que as ofertas aos santos e os donativos fossem pagos.

Vila Rica se compunha de clérigos, burocratas administrativos, letrados e profissionais liberais, em especial os advogados, além de negociantes, pobres livres (alguns pardos e mulatos se incluíam aqui, encarregados dos serviços agrícolas e das lavras) e escravos, utilizados não só nas minas e lavouras como também na construção das igrejas. As profissões definiam a pirâmide social, mas alcançar esse ou aquele posto dependia mais do protecionismo do que do merecimento da competência.

Governar Minas era coisa que Portugal deferia aos mais altos protegidos do favor real. A cúpula era formada por governos político e eclesiástico. Abaixo figuravam os comerciantes, que desempenharam papel estratégico na vida da Colônia; os intelectuais, geralmente produto de famílias cuja ascensão econômica dava-se por meio da agricultura e dos negócios imobiliários. E, navegando por entre esse arranjo, ficavam os militares e filhos de nobres enviados de Portugal para cargos administrativos.

A vida militar no século XVIII sofria preconceitos evidentes para as categorias de soldados rasos ou postos subalternos, que eram reservadas aos negros, aos pardos ou aos brancos sem recursos. Patentes elevadas destinavam-se aos filhos dos ricos mineradores e comerciantes. Até 1709 os postos de uma companhia de ordenanças eram providos por meio de eleições, mas um alvará régio transferiu a responsabilidade para o governador e capitão-general das capitanias. O intuito foi evitar fraudes entre as oligarquias locais; no entanto, o que se conseguiu foi promover o favoritismo na escolha desses homens que, na maioria das vezes, ficavam mais à disposição dos interesses e arbitrariedades do governador do que das companhias militares. E é óbvio que o nome da família Mayrink, somado ao prestígio dos Seixas e Ferrões, elevara a patente de Balthazar às alturas.

Pouco mais de um ano de casamento, em 4 de outubro de 1767, nasce a primogênita do casal. Como a igreja de Antônio Dias passava pela segunda etapa da sua construção, o batizado se realizou na matriz do Pilar. Maria Dorothea nasceu no dia de São Francisco de Assis. Segundo a tradição, a criança teria o nome do santo, mas a tradição perdeu para o orgulho de mãe, que deu à filha o seu próprio nome. A criança foi batizada como Maria Dorothea Joaquina de Seixas. Pelo menos nos seus primeiros quinze anos. Os batismos não aconteciam imediatos ao nascimento; Dorothea foi batizada com um mês de idade. A chuva torrencial de novembro não impediu a saída da louça dos armários de jacarandá.

Ao contrário do que se pensa, as comemorações não eram pomposas, salvo os casamentos no palácio do governador ou com a presença dele. Uma festa de batizado, mesmo de uma criança da elite, não passava de um almoço. A lista dos convidados se resumia nas pessoas imprescindíveis: a figura religiosa, no caso de Dorothea o padre Raimundo, os padrinhos e a família. O avô e avó paternos, que moravam no Rio de Janeiro e sua idade avançada não permitia enfrentar viagem tão penosa, apadrinharam a neta por procuração dada ao alferes Theotonio José de Moraes.

Nas cadeiras à direita do capitão Mayrink os homens tomaram assento e no outro lado as mulheres. Ninguém se servia de absolutamente nada antes de o anfitrião colocar a carne no prato de cada convidado: o mais gentil ato que podia fazer o dono da casa a comensais de distinção. Na verdade a *honra* teve origem na escassez de talheres nas casas da Colônia. Lugares como a Bahia e Pernambuco nem sequer faziam uso de facas e garfos: ali as pessoas misturavam a carne e a farinha ao feijão com os dedos e levavam o "capitão" à boca. Os mineiros, nos almoços diários e longe das festas, se comportavam de maneira semelhante, alternando mãos e talheres.

Uma família em Vila Rica, fosse ela da elite ou não, na intimidade do lar comia assim: o chefe da casa, sentado à cabeceira, recebia os pratos, um a um, e servia os presentes. A altura demasiada da mesa obrigava o comensal a fincar nela os cotovelos e levar a comida à boca em grandes porções. Não havia muita ordem nem grande asseio. Usavam os dedos com tanta frequência quanto o garfo, mas a etiqueta mandava que não se empregassem mais de três dedos ao juntar o bocado. Não era raro um ou outro mergulhar os dedos no prato alheio, pois isso caracterizava intimidade. Por fim, todos tomavam uma xícara de café como sedativo. Durante as refeições, cabia ao homem o corte das carnes por ser a faca presente no cinturão de todos, inclusive no dos ricos, que cravavam em seu cabo pedras preciosas ou encomendavam ao ferreiro um cabo de ouro. O fato é que não existia homem naquela terra que não tivesse uma, mesmo porque a faca era uma espécie de curinga, servindo à mesa, para palitar os dentes, alisar a palha de milho e picar o fumo, tirar bichos-de-pé e, enfim, como arma de defesa e ataque.

Mal sabia Balthazar que uma década após o batizado de Dorothea a viuvez o excluiria do convívio com os filhos. A nomeação a capitão de Cavalaria Auxiliar da Nobreza da Capitania concedida por Dom João V foi a desculpa ideal para Balthazar Mayrink terceirizar a educação da prole. Ora, que homem poderia se dar ao luxo da vida doméstica enquanto assuntos da Coroa estavam em jogo? O novo trabalho requeria a sua dedicação no comando de tropas para patrulhar as principais saídas utilizadas no contrabando – defender os interesses da Coroa contra o garimpo clandestino.

A cada roubo de carga, e isso se tornou comum nos caminhos do ouro – conjunto de caminhos que hoje tem o nome de Estrada Real – formavam-se novos destacamentos no intuito de conter a prática fomentada principalmente pelos ingleses. Assim como sabia ser condescendente com seus aliados na Colônia, Portugal era também impiedoso com os contrabandistas de ouro e pedras. Penas como decepamento de membros e exposição de cadáveres, açoites públicos ou a morte por enforcamento foram largamente executadas, na tentativa de assegurar a "lei e a ordem". Tais medidas justificavam-se ao se levar em conta que as disputas das potências europeias viviam seu ápice e que foi graças à explosão dos metais preciosos que os problemas financeiros do império português tiveram alívio. O desequilíbrio da balança comercial entre Portugal e Inglaterra foi por vários anos compensado pelo ouro extraído do Brasil, além do alto consumo do metal em obras como o palácio-convento de Mafra e outras obras com que o rei João V pretendia ombrear com Luís XIV.

As estradas que Mayrink patrulhava e por onde escorria o ouro rumo à Europa eram sujeitas a toda sorte de doenças, insetos, bandidos. Comum também era o ar fétido de membros esquartejados e expostos ao longo do caminho. Quem se dispunha a enfrentá-las não contava com a volta para casa, nem morto, pois não era raro os defuntos serem enterrados nas matas. Aos que retornavam cabia avisar a família do morto para os preparativos da missa fúnebre. A tarefa do capitão foi, por longo tempo, reprimir as quadrilhas do caminho do ouro. O próprio Tiradentes foi designado para desmantelar um desses grupos conhecido como "quadrilha da Mantiqueira", por atuar na região sul de Minas. O líder da quadrilha, o Montanha, era especialista em atacar tropas uniformizadas para assaltar suas fardas e as utilizar como disfarce em barreiras por onde passava o ouro e, assim, roubá-lo. Ladrões não faltavam na Estrada Real, como o "Mão de Luva", que, como o nome revela, utilizava luvas para capturar a carga.

O ouro encontrado nos garimpos era levado aos centros de pesagem ou às casas de fundição, onde era pesado, fundido em pequenos lingotes e marcado. Um quinto, destinado ao rei, era retirado e transportado por meio de caravanas que seguiam por várias saídas, rumo aos caminhos de Saramenha e Cachoeira do Campo, no intuito de desorientar os assaltantes. Muitas dessas caravanas saíam de Vila Rica carregando sacos de areia na tentativa de ludibriar os ladrões.

A quadrilha mais difícil de capturar talvez tenha sido a do Vira-Saia. Desconfiava-se que o bandido tinha um informante dentro da Casa de Fundição que o avisava por quais caminhos deveria seguir o ouro transportado para o Rio de Janeiro, pois o bando nunca errava. As autoridades colocaram a cabeça do bandido a prêmio. Logo, um traidor entregou o chefe da quadrilha, denunciando Antônio Francisco Alves e confessando como ele agia. Antônio Francisco anunciava o carregamento ao bando por meio de senha: uma pequena imagem de Nossa Senhora da Piedade que se encontrava no oratório público existente em frente à casa de Antônio, e cuja vestimenta ele girava na direção da rota correta, de tal modo que o rosto da santa ficava voltado na direção da carga de areia, e a saia, no sentido da caravana legítima. Eis a razão de nunca errarem o carregamento e de ficarem conhecidos como o bando do Vira-Saia.

Antônio Francisco Alves se via como o Robin Hood mineiro, apesar de não ter distribuído riquezas para os menos afortunados. Dono de boa condição financeira, considerado homem religioso e até respeitado, sua principal motivação para formar a quadrilha foi o ódio que destilava ao domínio luso. Talvez pensasse que o prejuízo sofrido pelos assaltos afugentaria os portugueses de Vila Rica ou, no mínimo, os aterrorizaria ao ponto de relaxarem as leis de extração para, quem sabe assim, a população ter maior chance à dignidade. Mas os portugueses eram incansáveis, e o modo encontrado por Vira-Saia de repartir um pouco da riqueza surrupiada das caravanas foi doar recursos para a produção de santos, altares e até chafarizes.

Antônio não se contentava somente com as barras de ouro; a cada assalto, exterminava o maior número possível de soldados portugueses, deixando para trás um mar de sangue. O massacre gerou revolta entre os militares, que, tão logo descobriram a sua identidade, não tiveram compaixão pelo homem.

Os soldados invadiram a casa de Antônio durante a noite e o assassinaram a facadas na frente da família, arrancando-lhe a língua e os olhos. Em seguida sua mulher e as duas filhas foram arrastadas para fora da casa e violentadas na mata próxima, recebendo depois o mesmo destino de morte. Como a quadrilha não fora totalmente desmantelada, o traidor do bando e sua família receberam dos bandidos o mesmo tratamento que os portugueses deram a Antônio Francisco Alves, o Vira-Saia.

Sob o comando de novo líder, o bando continuou a aterrorizar as estradas da Capitania. Para caçá-los, o governador convocou o capitão Balthazar Mayrink. Ao receber as ordens, Mayrink não teve outra opção senão entregar Dorothea e os irmãos à supervisão de Thereza Mathilde de Jesus Sotéria da Silva Ferrão e de Catharina Leonor Sotéria da Silva Ferrão. O Solar dos Ferrões, além de abrigar ambas as tias e seus irmãos quarentões Bernardo Manoel da Silva Ferrão e João Carlos Xavier da Silva Ferrão, abrigaria agora os cinco órfãos.

Lá, a educação de uma criança era coisa séria, e as mulheres da casa impunham rotina severa. Mal acabou o luto, as crianças mergulharam no esmeril das regras sociais, onde as tias tornearam-lhes as facetas da Corte, independentemente de seus dons. Educar uma criança exigia treinamento, e nada menos do que se tornar uma dama da sociedade foi sequer aventado no Solar dos Ferrões. A educação feminina no século XVIII foi detestável. A mulher não tinha infância; a sua primeira educação consistia em fazer da criança uma pequena "grande" dama, maneirosa e de graças artificiais.

Thereza Mathilde, a tia mais velha, encarregou-se dos bordados, da leitura dos salmos que o vigário Antônio Correia completava com os mandamentos da Igreja e dos santos – momento propício para introduzir a sobrinha na arte barroca.

O barroco em Minas Gerais evidenciou-se na arquitetura, na pintura e na escultura – característica dos artistas portugueses, herdada pelos artistas mineiros. As obras criadas em púlpitos, altares-mores, pedestais, pias batismais, jardins e chafarizes deram a Vila Rica o título de capital do barroco brasileiro. Dorothea cresceu no auge dessa arte, tanto da pintura, pelas mãos de Manoel da Costa Ataíde – autor, entre outras obras, da decoração da igreja de São Francisco –, quanto da escultura, pelo seu maior expoente: Antônio Francisco Lisboa, o Aleijadinho. Arte de fervor religioso, o barroco impressiona por seu esplendor, sua força e sua dramaticidade.

Catharina Leonor, a caçula e nem por isso menos exigente na educação da sobrinha, encarregou-se da jardinagem, da poesia e da música. Dorothea trazia consigo boa voz, mãos ágeis na pá, na agulha, na pena ou no teclado. A sensibilidade aflorada fazia com que ela desde cedo mantivesse na ponta da língua os *Sermões* do Padre Antonio Vieira, e grande interesse pelo estilo que nascia no Brasil, o Arcadismo, que Dorothea admirava por meio das *Obras poéticas* de seu conterrâneo Cláudio Manoel da Costa.

As aulas das tias se tornarão valiosas na clausura de Dorothea. No campo ela produzirá trabalhos pictográficos de que o tempo conservou apenas três. O primeiro é a imagem de São Alberto Carmelita, que, segundo a tradição, traz no verso a assinatura de Marília. O segundo trabalho atribuído a ela é São José carregando ao colo o Menino Jesus. E o terceiro é um bordado que representa Maria Madalena vestida com um manto dourado, ornado com flores, orando diante de um Jesus crucificado em cima de pequeno altar. A peça, quase em tamanho de papel almaço, encontra-se exposta no Museu da Inconfidência. Na imagem Madalena tem uma lágrima representando tristeza e compaixão. No chão, uma caixinha mostrando um pequeno rosário. Na imagem é como se Dorothea se autorrepresentasse. Ao pé da ilustração, uma frase em francês arcaico revela a ideia da autora, que assim se pode traduzir: "O fruto de uma perfeita conversão como daquela Madalena é chorar, sem cessar, nossos pecados. E como nós fizemos de servir os membros do nosso corpo. Temos a impureza e temos a injustiça para cometer a iniquidade, nós os temos deformado servindo a justiça para nossa santificação".

O quadro foi produzido sobre gravura feita a bico de pena, em papel utilizado em ilustrações de livros sacros. Um dado substancial de que foi desenvolvido durante o período em que Dorothea, já encarnada Marília, encontrava-se reclusa no Fundão das Goiabas é o desenho de um pequeno morro cercado por árvores e vegetação rasteira semelhante à geografia da fazenda de Itaverava.

Já Anna Ricarda e Emereciana se limitaram a exercitar as habilidades destinadas às esposas e mães, desenvolvendo a leitura o suficiente para o acompanhamento das missas dominicais e o cultivo de flores e hortaliças. Haja habilidade para a mulher do século XVIII! Ser considerada boa esposa ou mãe no período colonial ultrapassava a disposição para os serviços domésticos, aliás, tarefas que pertenciam às mucamas.

As mulheres mineiras, talvez tenham sido as brasileiras que mais sofreram com o *enquadramento* das instituições da época, por terem de vivenciar situações adversas em que se misturavam miséria e dificuldades de toda ordem. Mas essa pequena e silenciada multidão de personagens anônimos soube equilibrar elementos de extrema originalidade para enfrentar normas dominantes, preconceitos, perseguições, seja da Igreja, seja do Estado, seja da administração colonial.

Motins contra impostos, levantes armados, formação de quilombos, ataques de índios bravos, formaram uma pesada corrente de tensões. Para conter essa carga de protestos, foram tomadas medidas repressivas que acabaram por valorizar de certo modo o destemor das mulheres mineiras, desenhando seus verdadeiros contornos, seja como alvo direto da repressão ("negras de tabuleiro", prostitutas, concubinas), seja como agentes sociais em quem se projeta o programa normalizador institucional: esposa, mãe, devota.

Onde estiveram as mineiras no duro período colonial? Comecemos pela invisibilidade, que parece ter sido a característica central de sua vida. Ao investigar a história feminina, encontraremos uma participação considerável de mulheres que aparecem nas listagens de algumas freguesias que pagavam o dízimo à Coroa; como roceiras em pequenas propriedades arrendadas, criando gado, aves, plantando gêneros alimentícios para o abastecimento local; produzindo queijos, aguardente e pão. Elas estiveram também nos pesados trabalhos de extração mineral, como demonstram os escritos elucidativos do inglês John Mawe, no livro *Viagens ao interior do Brasil* (1978, p. 134): "Os trabalhos mais penosos na extração do ouro são executados pelos negros e os mais fáceis pelas negras. Os primeiros tiram o cascalho do fundo do poço, as mulheres o carregam em gamelas, para ser lavado".

As vendas eram quase sempre o lar de mulheres forras (alforriadas) ou escravas que nelas trabalhavam no trato com o público. As que não conseguiam emprego no comércio formal perambulavam pela Vila oferecendo os seus produtos – eram as vendedoras ambulantes conhecidas como "negras de tabuleiro", que não poucas vezes tinham sua mercadoria apreendida pela fiscalização. O ambiente em torno dessas vendas lembra o de uma autêntica taverna, onde diferentes grupos se reuniam para beber, consumir gêneros pouco comuns, se divertir e por que não, brigar; além de ser o teto do contrabando de ouro e diamantes furtados por escravos. Logo as mulheres foram identificadas como perigo para a mineração por facilitar o desvio do ouro, a prostituição e a articulação com os quilombos, e não tardou para que medidas coibitivas fossem tomadas a fim de conter tais práticas, como proibir a livre circulação de escravos à noite, por exemplo.

Se no trabalho e nas ocupações que desempenhavam as mulheres tinham uma presença marcante, é na vida familiar, nesse pequeno e multiplicado mundo, que é possível perceber as suas reais dimensões no século XVIII. A família mineira foi marcada por um conflito permanente entre os poderes da

Igreja e Estado *versus* a cultura popular – as relações familiares nas Minas Gerais eram basicamente do tipo consensual, apoiadas no compromisso informal entre as partes. Para combater essa prática o bispado promovia visitações a fim de averiguar o comportamento dos fiéis e assisti-los em suas necessidades espirituais. A cada povoado que chegavam, os visitadores recebiam avalanches de denúncias sobre as mais variadas formas de relacionamento entre casais.

Se para a Igreja a atuação feminina parecia ultrapassar os limites desejáveis da moral cristã, é necessário situar a importância da associação entre o trabalho feminino e a economia doméstica. Assim como nas sociedades tradicionais da Europa ocidental, nos núcleos urbanos mineiros a vida doméstica encontrava-se intimamente associada ao trabalho produtivo. Tal associação ficava ainda mais evidenciada quando, além de administrar a casa, as mulheres atuavam no pequeno comércio.

Inexistentes na política, mesmo porque a maioria era analfabeta, as mulheres carregavam consigo os papéis de pai e mãe. Solitárias, devido à ausência dos seus homens por causa dos trabalhos aventureiros, precários e sujeitos a constantes mudanças, tinham que dividir seus pares com a *negrinha* roliça.

Muitos homens da Colônia casavam-se por interesses financeiros ou políticos, transformando esposas em utensílios pessoais. A elas cabia seguir o sistema patriarcal de poder e repressão, enquanto às escravas tocavam as viagens de negócios e o lazer, desfrutando de liberdade maior que a da "sinhá" patroa. As amancebadas com autoridades ainda dispunham de força para subornar e obter despachos tendenciosos.

Blindada de preceitos religiosos, a casa que abrigou Dorothea na adolescência gozava de moral ilibada nas ladeiras de Vila Rica. Catharina ou Thereza, ao subir e descer as ruas íngremes dentro de cadeirinhas de arruar, abriam disfarçadamente as cortinas uns milímetros para deixar à vista dos curiosos a envergadura moral de que tanto se orgulhavam.

O orgulho se devia ao fato de ser a família um verdadeiro selo de equidade numa vila em que a maioria das gelosias[3] ocultava concubinato, filhos bastardos e conspirações. Até as janelas do palácio do governo guardavam segredos de sucessivas amantes, entre elas, uma das mais belas mulheres que o grupo das consideradas libertinas teve: a Loura Anselma, que gerara o bastardo Luís da Cunha Meneses, o "Fidalguinho" das *Cartas chilenas*.

A fragilidade moral se hospedou em casas como a de Cláudio Manoel da Costa, um dos líderes da cultura mineira e talvez uma das maiores fortunas da Capitania. Entre as diversas companheiras do poeta, duas lhe deram duas filhas: Francisca e Maria. O mais longo relacionamento de Cláudio Manoel e talvez o grande amor da sua vida foi com a alforriada Francisca Arcângela (a musa Eulina), com quem teve vários filhos.

Criado por uma mãe carola, Cláudio Manoel deixava a janela do seu quarto, que dava para a rua, entreaberta para que Francisca entrasse sem fazer barulho. O relacionamento durou anos, e os filhos gerados só receberam alguma benesse da avó após a morte de Cláudio. Para Teresa Ribeira de Alvarenga, mãe de Cláudio Manoel, a maior provação enfrentada foi receber netos bastardos na casa que cobriu de santos e práticas religiosas.

---

[3] Gelosias: janelas de duas abas trabalhadas a treliça.

Quanto a Francisca, fora-lhe imposto que deixasse os filhos à porta e partisse antes de as crianças entrarem, e que fosse também discreta na manobra de buscá-los ao fim do dia. Para Teresa, tão importante quanto gozar da companhia dos descendentes do filho era manter as aparências para uma sociedade que não perdoava os que traziam para seu convívio, amantes provenientes das classes inferiores. Mas Francisca não se ofendia com o tratamento.

Diferentemente das mulheres de elite, na maioria das vezes correspondentes ao estereótipo de mulher submissa e mãe dedicada, as mulheres mais pobres, pertencentes às camadas populares, eram mães solteiras que haviam sido vítimas de exploração sexual e doméstica, traduzindo-se em humilhações, abandono e violência por parte do homem progenitor da criança.

As uniões ilícitas existiam entre homens e mulheres, militares e civis, leigos e eclesiásticos, ricos e pobres, livres e escravos. Logo superaram em número as legítimas; os filhos naturais pululavam nos sítios, arraiais, freguesias e vilas. A Igreja discursava contra o concubinato, mas como proibi-lo numa região habitada por todo tipo de forasteiro?

Nessa grande migração humana, que quase despovoou a orla marítima brasileira, predominaram os aventureiros que punham, acima de tudo, o rápido enriquecimento e, paralelamente, uma vida recheada de prazeres, em especial os da gula e os do sexo.

Ao lado da promiscuidade e da violência dos embates, vivia a minoria das famílias consideradas decentes, entre elas a de Dorothea. Mas a irmã Emereciana, com forte propensão para quebrar paradigmas, temperará as lições de conduta moral das tias com o feromônio das africanas – o que abalou os alicerces do solar, fez historiadores colocarem em cheque a castidade de Dorothea ao lhe atribuir filhos que não eram dela, e jogou debaixo da ponte de Antônio Dias o orgulho das irmãs Ferrões.

Com o irmão caçula de Dorothea, o bebê Francisco de Paula, não havia por que se preocupar, pois a ama de leite se encarregava dele. O outro irmão, José Carlos, ficara ao encargo de Bernardo Manoel da Silva Ferrão. Homem experiente dos serviços administrativos, articulado na política, que aos 40 anos já exercera diversos cargos importantes, inclusive o de escrivão da Fazenda, conquistando fortuna e fama.

Amante das letras, o tio apurou-lhe a retórica e ensinou ao sobrinho a arte dos negócios. José Carlos aprendeu cedo que o dinheiro atrelava-se na mineração até para os fazendeiros que combinavam a pecuária, o engenho de açúcar e a produção de farinha com as lavras de ouro. Antes de entrar no mundo da fortuna foi preciso ensinar ao garoto o giro da roda, e ele se iniciava na mão de obra escrava. Escolher cativos para trabalhar nos campos, nos engenhos e nas minas ou em tudo isso de uma vez, integrou o ensino fundamental do irmão de Dorothea. Com que olhos horrendos ele deve ter encarado a primeira lição!

Na praça do mercado, atual praça Tiradentes em Ouro Preto, funcionava um dos principais mercados de escravos do Brasil, onde homens e mulheres jovens, juntamente com crianças, eram os produtos cobiçados. Dependendo do biótipo e das habilidades, chegavam a ser disputados numa espécie de leilão a céu aberto.

Usados para lavoura, garimpo e todo tipo de serviço pesado, um "molecão" chegava a valer 430 a 900 gramas de ouro, um "crioulo forte" de 1,0 a 1,8 quilos. Por uma "mulata faceira" havia quem pagasse até 2,5 quilos e, para conter a fúria da esposa, o comprador levava uma "negra cozinheira" que valia em torno de 1,5 quilos de ouro. Em geral, mulatos e mestiços eram preferidos para as tarefas domésticas, artesanais e de supervisão, cabendo aos africanos os trabalhos mais pesados.

Aos 10 anos, José Carlos se acostumara ao grita-grita da praça e, quem sabe, aos açoites no negro desobediente, condenado a 50, 100 e até 200 chibatadas (esta já considerada como pena capital). Entre um negócio e outro, compradores se aglomeravam no pelourinho para assistir ao espetáculo da barbárie.

O desejo de ser dono de escravos, o esforço para obtê-los justificava-se não só pela mineração como também pelo *status*. Houve proprietários de minas com centenas de escravos e lares domésticos com apenas um; o inadmissível seria uma família de posses sem nenhum. Os escravos eram necessários tanto para o transporte de carga quanto para a coleta de dejetos malcheirosos, e seu comércio bateu recorde em Minas Gerais, visto que a vida útil de um escravo minerador não passava de 7 a 12 anos devido às condições desumanas de trabalho.

Havia duas formas de extração aurífera: a lavra e a faiscação. As lavras eram empresas que, dispondo de ferramentas especializadas, executavam a extração aurífera em grandes jazidas, utilizando mão de obra escrava. O trabalho livre era insignificante e o índio não era empregado. Foi o tipo de extração mais frequente na fase áurea da mineração, quando ainda existiam recursos e produção abundantes, o que tornou possíveis grandes empreendimentos e obras.

A faiscação era a pequena extração representada pelo trabalho do próprio garimpeiro, um homem livre de poucos recursos que excepcionalmente poderia contar com alguns ajudantes. No mundo do garimpo o faiscador é considerado um nômade, reunindo-se às vezes em grande número, num local franqueado a todos. Poderiam ainda ser escravos que, caso encontrassem uma quantidade muito significativa de ouro, ganhariam a alforria.

A maioria da população de Vila Rica eram negros, pardos ou mulatos. Em meados do século XVIII a proporção apontava oito negros para cada dois brancos – quase 80% da população. Não se falava em abolição, mas a partir de 1780 era comum dar com um negro alforriado pelas ruas. Isso se devia mais à miscigenação resultante dos amancebamentos de brancos, negros e índios do que a sentimento despertado de igualdade.

José Carlos passou a viver no Solar dos Ferrões com pouco mais de três anos; aos dez transitava entre os negociantes de escravos com naturalidade; aos trinta irá pôr em prática as aulas da infância como secretário do governador do Mato Grosso, Caetano Pinto de Miranda Montenegro. Fez fortuna em Pernambuco e se casou com a filha do nobre João Antônio Gomes, deixando vasta descendência.

Solar dos Ferrões, a origem

Quando o bisavô de Dorothea, o fidalgo Bernardo Girão da Maia nasceu, em 1647, Portugal era catedrático em expansão marítima. Os portugueses já haviam passado pela sonhada e ilusória Índia das especiarias, influenciando a China e o Japão ao ponto de ser a sua permanência na região intitulada pelos japoneses de "Século Cristão" (1540-1630); e estabelecido o monopólio real sobre o ouro africano. Mediante tantas conquistas, e entre elas algumas decepções, a *ilha exótica* de índios, papagaios e araras não atraiu o ancestral mais antigo da família Ferrão de que se tem notícia. Ademais, no século XVI o Brasil ainda não proporcionava riquezas consideráveis aos portugueses e era desprezado por muitos nobres.

As notícias que chegavam da colônia eram desanimadoras. O fidalgo se horrorizava com as histórias sobre as hecatombes de quilombolas e índios Mapaxós, as lutas de paulistas e emboabas. As florestas intransponíveis e os grotões escuros a exigir grande esforço à exploração, somados aos nevoeiros e à umidade apresentavam riscos de saúde desde cólera, febre amarela até tuberculose e tétano. Tampouco o avô de Dorothea, o então cabo de esquadra Bernardo da Silva Ferrão, combatente na guerra de sucessão da Espanha, veio para o Brasil atrás de ouro. Havia os povos que vinham para o Brasil e aqueles que vinham ao Brasil. Os primeiros traziam consigo as famílias e as bibliotecas, agregando valores; os segundos dependuravam a moralidade no cabide em Portugal e para cá traziam a ambição de enriquecimento rápido e depois retornavam à terra natal. O correto a dizer sobre o avô de Dorothea é que sua vinda se deu para servir a Coroa por tempo indeterminado, ou seja, ele se instalaria em definitivo para vigiar a saída ilícita do ouro que se tornara essencial aos cofres reais.

Sua missão consistia em defender a colônia portuguesa dos estrangeiros, em especial dos ingleses – os mesmos com quem em tempos idos a Coroa trocara vantagens comerciais por proteção política. Na avidez de acelerar a acumulação de capitais, a *manufatureira* Inglaterra enviava cargas e mais cargas de ouro contrabandeado para solo britânico, ignorando o acordo com Portugal (Tratado de Methuen), que excluía das "vantagens comerciais" os produtos monopolizados pela Companhia Geral do Comércio, entre eles, o ouro.

Já que não continha as saúvas do Norte em solo europeu, Portugal enviou às terras brasileiras o melhor do seu corpo militar para resguardar a "árvore dourada", cujas ramificações se estendiam até o litoral. Mas a raiz estava plantada em solo mineiro.

Assim, Bernardo da Silva Ferrão, súdito fiel do império português, atravessa o atlântico, aportando em Pernambuco como ajudante de ordens do governador D. Lourenço de Almeida e mais tarde de Manoel de Souza Tavares. Ambientado com o clima brasileiro e promovido a capitão, o enviado da Coroa é transferido em 1723 para o Rio de Janeiro, onde à beira do rio Paraibuna, passa a vigiar a saída de ouro não "quintado". Em 1727, casado com D. Francisca de Seixas da Fonseca e exibindo no ombro a estrela de tenente-mestre de campo general, se instala na Capitania de Minas Gerais.

Ciente de que Vila Rica seria o ponto final da sua odisseia, o tenente-general busca moradia para abrigar os cinco filhos pequenos e mais a sexta, mãe de Dorothea, ainda na barriga de D. Francisca. Depois, outros quatro filhos nasceram, obrigando o homem a aspirar não só uma casa maior como também mais condizente com suas posses.

Nesse ínterim, em meados de 1748, Bernardo da Silva Ferrão compra o terreno que eliminará seus problemas espaciais e que num passado próximo havia sido negociado por sua intermediação. O terreno pertencera ao capitão José Nobre dos Santos, que transferiu sua posse ao "[...] preto forro Francisco Gomes Ferreira o qual mais tarde por sua vez cedeu o seu direito às pretas forras Maria Pereira de Jesus e Rita Lopes Lião (Salomão de Vasconcelos – *Revista do Instituto Histórico e Geográfico de Minas Gerais*; 1960, com base em dados do Arquivo Público Mineiro)".

De tal terreno, que compreendia a região denominada Pinheiro, quarenta e sete braças, ou seja, quase 7 mil m² foram comprados pelo avô de Dorothea, onde na esquina se situa o "chafariz de Marília". A propriedade localizava-se na rua da Barra, Freguesia de Antônio Dias, no distrito do Vira-Saia.

Na gleba foram construídas ainda a estrebaria, a senzala e a casa-grande conhecida pelo nome de Solar dos Ferrões – um palacete assobradado composto por vinte cômodos assentados em muralhas de pedra que sustentavam as conversadeiras que Dorothea e as tias usariam no fim de tarde para espreitar o movimento.

Anna Ricarda preferia o assento ao raiar do dia, antes da missa e de os soldados montarem postos. A irmã de Dorothea via-se enrabichada com certo tenente. Filho de fidalgos da casa real, Valeriano Manso nascera para ser cobiçado pelas mães que dispunham de moça solteira, tamanha a escassez de pares jovens com sangue nobre. Mas foi a segunda filha do viúvo Mayrink quem ganhou o coração do rapaz. Anna Ricarda pertencia à linhagem de mulheres bonitas e sedutoras. Poucos flertes à janela foram suficientes para tornar cativas as passadas de Valeriano sobre a ponte de Antônio Dias ("ponte dos suspiros").

Os flertes (e quando se usa tal palavra não se pretende uma conotação romântica, e sim porque os namoros se limitavam ao que o vocábulo significa) tinham a aprovação das tias, pois a união com alguém da família Manso significava aliança de poder e influências. O resultado de tanta torcida só poderia acabar em casamento, que se realizará em 26 de novembro de 1788, na capela do palácio dos governadores, sendo o próprio governador D. Luís Antônio Furtado de Mendonça, o Visconde de Barbacena, o padrinho nupcial.

O Solar dos Ferrões ou Casa do Chafariz, como ficou conhecido, situado junto da ponte de Antônio Dias, foi palco de acontecimentos que marcaram as famílias Ferrão, Seixas e Mayrink e de discussões entre alguns historiadores que a confundiram com a Casa Grande – esta, a última morada de Dorothea que na época a história já havia transformado em Marília. A denominação popular para o nome deve-se ao fato de que a casa ficava bem detrás de um chafariz público, cuja construção, segundo a lenda, foi custeada pelo bandido Vira-Saia.

A Casa do Chafariz ganhou notoriedade a partir da lira onde Gonzaga indica ao "canoro passarinho" o caminho para chegar à residência de sua amada:

Entra nesta grande terra,
Passa uma formosa ponte,
Passa a segunda, a terceira,
Tem um palácio defronte.
Ele tem ao pé da porta
Uma rasgada janela,
É da sala aonde assiste
A minha Marília bela.
(*Marília de Dirceu,* ed. 1845 – 2ª Parte – Lira XXXVII)

Dos dez filhos de Bernardo Ferrão, a oitava filha, Antônia Cláudia Casimira de Seixas, desempenhará papel de destaque na *transformação* de Dorothea para Marília: *Marília de Dirceu.* Era na casa da tia Antônia Cláudia que Dorothea descansava das aulas. Brincando no quintal com a irmã Emereciana, ela conheceu o amor que a eternizou na história do Brasil.

O lazer para uma garota como Dorothea variava entre brincadeiras no jardim e rápidos passeios nas cercanias do solar, acompanhada da mucama. Os bailes e o teatro teriam de aguardar a apresentação oficial à sociedade – geralmente a família aproveitava uma festa no palácio do governo para exibir a adolescente à elite e nela casá-la com um nobre ou homem de posses. As mulheres iniciavam sua vida social entre 12 e 15 anos.

As missas, permitidas e até incentivadas, serviam aos fiéis, à ostentação das mulheres e aos encontros amorosos. O povo assistia aos cultos em pé, e os que desejassem poderiam se sentar no chão, antes ou após as cerimônias. Os governantes da Coroa, militares de alta patente e algumas damas que compunham a Corte podiam se sentar nos lugares privilegiados. As cadeiras dos Ferrões ficavam próximas do altar-mor.

A rotina de Dorothea seguia as regras impostas pelas tias, mas não se diferenciava da maioria das casas que se orientavam pela marcação do sino. O Solar dos Ferrões acordava com o sino das seis da manhã. Um criado acende o fogão enquanto outro mistura o açúcar com os grãos para torrá-los numa panela coberta. O açúcar derretido forma ao se esfriar uma massa escura de excelente e saboroso café. Não se usa cafeteira, servindo-se separadamente cada xícara, pequena e sem alça, numa bandeja. Leite para as crianças, apesar de os adultos o tomarem só pela manhã. Os primeiros a se achegar à cozinha são os tios João Carlos e Bernardo Manoel, este último confere as botas do menino José Carlos e o carrega para a rua – uma parada na praça do mercado, um cigarro de palha e o início de longa escrita na intendência de Vila Rica.

Dorothea, Anna Ricarda e Emereciana terminam o desjejum e partem em busca das tias, ora na horta conferindo os canteiros, ora na sala principiando um bordado. Às dez, um intervalo para o almoço – servido na sala principal. Embora as crianças percorram os olhos nas travessas, o cardápio se repete; novo apenas o modo de preparo, num dia frango ao molho; noutro, rasgado com couve e arroz. O que nunca faltará serão o angu e o feijão – em pasta ou esfarinhado à moda tropeiro.

A alimentação em Vila Rica baseava-se em carne suína, algumas galinhas criadas soltas no quintal ou compradas no mercado da praça – atual praça Tiradentes –, hortaliças provenientes do cultivo particular. Derivados do milho e da mandioca e as lavouras de feijão cresciam nos arredores – lição apreendida com a fome de 1701. Os produtos trazidos do Norte e do litoral, por serem de alto custo, eram usados em ocasiões especiais. Quanto ao peixe, bastava um arremesso de anzol para fisgar uma traíra ou um surubim.

Enquanto as tias fazem a "sesta",[4] Dorothea arrasta Emereciana para a casa da rua Direita de Antônio Dias. Lá havia quintal com pés de jabuticaba e goiaba, gameleira e limão, tal qual no Solar dos Ferrões. A diferença é que tia Antônia Cláudia nada ensinava e nada exigia. A liberdade pairava por entre o muro, embora a casa vizinha vivesse assombrada pelos piores arremates de penhora e outras contendas judiciais legadas para o ouvidor-geral resolver.

Dorothea se desviava do caminho para a casa de Antônia Cláudia, sempre que havia espetáculos de ambulantes à porta da Casa da Ópera. Mantinha-se discreta num canto, pois sabia que, se os tios soubessem que ela se divertia entre os escravos e brancos menos favorecidos, ficaria um bom tempo proibida de sair de casa. Para ela valia o risco, principalmente quando chegava à cidade um grupo de mímicos. Nada melhor para Dorothea do que descobrir o significado das expressões corporais de artistas que pareciam contaminados por alegria perpétua.

Já a casa da tia Izabel Feliciana Narcisa de Seixas, situada próxima às outras casas Ferrões, na Ladeira dos Caldeireiros

---

[4] Hábito português de descanso após o almoço.

(atual rua do Pilar, Ouro Preto), guardava um atrativo maior que o teatro ambulante: lá morava a prima Beatriz. Apesar de contemporânea de Emereciana, ou seja, quase dez anos mais nova que Maria Dorothea, Beatriz se tornou sua melhor amiga e confidente. Ambas provavelmente se identificaram na paixão pela poesia.

Beatriz Francisca de Assis Brandão, futura autora de *Cantos da mocidade*, seria uma das poetisas de maior expressão do parnaso brasileiro, tornando-se, no futuro, patrona da cadeira de número 38 da Academia Mineira de Letras.

Dorothea trouxe para si a responsabilidade de mãe de Emereciana, resolvendo desde cedo as confusões da irmã. Não que as tias não cumprissem tal papel dedicando a elas afeição, mas quando a mãe morreu, Emereciana tinha pouco mais de um ano, e Dorothea praticamente adotou a menina. Até nos momentos em que Emereciana preferia correr no quintal a ouvir a irmã e a prima declamarem poemas, é provável que Dorothea encontrasse assento num local estratégico para observar a irmã.

Nos quintais não havia caminhos calçados, e a lama grudava até a ponta dos cabelos de quem neles brincasse. Quando Emereciana extrapolava, Dorothea descia a ladeira de volta ao solar, antes do horário estipulado, direto à banheira. Para a limpeza gastavam-se dois jarros grandes de água e ramos perfumados. O banho não era costume diário; lavavam-se as mãos antes das refeições e os pés antes de dormir, salvo os enfermos, que eram banhados diariamente no intuito de minimizar os perigos de infecções. Tudo bem rápido para a água não esfriar e não se atrasarem para o jantar servido às

15 horas, impreterivelmente. Da pontualidade dependia a liberdade de ir e vir nas casas das tias.

Apesar de provisões frescas, repetia-se o cardápio do almoço. De novo mesmo, só os dois goles de aguardente bebidos pelos tios Bernardo Manoel e João Carlos. Não demoravam muito à mesa no jantar, pois a tarde era reservada para se sentar na conversadeira e ver os mineradores descerem da casa de fundição e as escravas buscarem água no chafariz.

Além de tecnologia de ponta em saneamento, os chafarizes de Vila Rica eram lugar de encontro das escravas e das notícias tão frescas quanto a água a escorrer para dentro dos potes. Buscar água para a patroa significava para uma escrava de valor mergulhar os tímpanos nos escândalos alheios. Recados de amor, injúrias e traições circulavam nos chafarizes, rumando direto ao ouvido das sinhás que, após se inteirar das conversas, repreendiam as negras pelo falatório. As repreendidas das patroas, quase em tom teatral, serviam como espécie de divisor social, com firmeza suficiente para demonstrarem desinteresse e consequente superioridade, e delicadas o bastante para não porem fim à rede de informações.

O chafariz da esquina, conhecido posteriormente como o chafariz de Marília, situava-se numa posição invejada por muita *sinhá* da Vila. Às irmãs Ferrões bastava entreabrir a janela para as novidades pousarem em seu colo ocupado com linha e agulha. Dorothea aproveitava o jornal de comadres para cantarolar Mozart e, assim, incomodar as tias, que a enxotavam para o quarto, onde ela desfrutava de raros momentos de solidão.

O bom mesmo era a refeição das 19 horas. Nelas havia sempre uma canjica com amendoim ou o chá de laranja com leite acompanhado de pão de ló e das conversas dos tios. Assuntos de mineração não faltavam, e neles revelações como a de um negro fujão ou do sumiço de um diamante tinham efeito novelístico nos ouvidos de Catharina e Thereza, que acompanhavam o progresso do enredo, arqueando as sobrancelhas. O desfecho nunca se esclarecia por completo. Havia necessidade de censura em alguns trechos, tamanha a violência dos castigos. Se no final da investigação se concluísse ter um negro escondido a pedra, o fim da história culminaria na queima do corpo com brasas ou no decepamento de membros – finais nada recomendados para o ouvido das crianças.

Os senhores do casarão apagavam as velas ao dobrar do sino das 21 horas, fazendo com que todos se recolhessem. A carência de velas de cera ou de sebo era constante, e as pessoas apagavam-nas o mais cedo possível, impedindo o convívio familiar durante a noite, à exceção de quando o capitão Mayrink pernoitava no solar para visitar os filhos. Nessas noites, Dorothea e os irmãos assistiam ao escalda-pés do pai, aromado com cachaça para descansar da fadiga, até a vela se consumir por inteiro e em silêncio por causa da proibição de barulho. O material usado nas construções das casas, apesar de consistência firme, era excelente propagador de som, o que fez os inconfidentes popularizarem o adágio, até então quase esquecido e que data da Antiguidade, de que "as paredes têm ouvidos". Mesmo aos cochichos, as crianças ouviam as histórias do pai, pois eles sabiam que, ao raiar do sol, Mayrink partiria rumo à fazenda Fundão das Goiabas, em Itaverava.

O Fundão das Goiabas, desde muito adquirido por Balthazar Mayrink, situava-se a seis quilômetros do centro de Itaverava, na estrada que segue em direção a Catas Altas. Desenhada num único pavimento retilíneo e retangular, a sede foi construída no platô mais alto das terras; era mediana para os padrões rurais da época, mas possuía sala de estar e jantar com janelas de vidros coloridos – material de luxo em fazendas. Ao final do corredor, uma enorme cozinha com fogão a lenha e um buraco no chão onde se acendia uma fogueira no inverno.

A parte de trás da casa era avarandada em toda a sua extensão; a escada dava caminho para a horta, o pomar e o imponente morro que enche os olhos de quem o admira. Seguindo adiante, próximo ao córrego, uma enorme pedra formava o mirante onde as tardes reuniam as gentes da casa para cantarolar até o anoitecer.

A fazenda contava com muitos escravos para o trato da lavoura de milho e a fabricação de fubá. Mayrink viveu os seus últimos 29 anos na fazenda, na companhia da segunda esposa, Maria Madalena de São José. Francisco de Paula, o irmão caçula de Dorothea e cujo parto matara a mãe, viveu na fazenda por 19 anos. Sem vocação para os estudos, ele não se adaptara ao solar e de lá partiu adolescente – não pretendia fazer fortuna como o tio Bernardo, tampouco ser solteirão como o tio João Carlos – o jeito foi viver com o pai, apesar de também não demonstrar interesse pelo campo. Ingressou na vida militar e antes de chegar a coronel casou-se com Eufrásia Francisca, que lhe deu quatro filhos, entre eles, a parda "Nhá Chica" – última companheira de Dorothea.

Entre o eldorado e a decadência

O nome inicial era Vila Rica de Albuquerque, mas Dom João V o achou tendencioso e simplificou para Vila Rica. A exemplo de outros povoamentos, foi constituída de arraiais nos vales montanhosos, em torno de capelas e ermidas domésticas, onde o convívio coletivo expressava as necessidades econômicas dos grupos que se organizavam. Toda a construção ficava em torno do ponto central, e nos arredores apareceram as vendas, as hospedarias, as estrebarias e os prostíbulos – tudo atendendo aos negócios da mineração.

O território brasileiro era dividido em capitanias (divisão territorial e administrativa da coroa portuguesa), e que eram divididas em comarcas (divisão político-administrativa das capitanias), que se subdividiam em termos (jurisdição de uma vila ou município), depois em vilas, e estas em freguesias (paróquias), finalmente todas estas em distritos (demarcações). A Capitania de Minas era a menina dos olhos da Coroa porque do seu ouro Portugal se sustentava. O ouro tornara-se tão prioritário que em 1715 surgiu uma lei que proibia o emprego de escravos no cultivo, obrigando-os a trabalhar exclusivamente na extração do precioso metal.

A população era composta por homens ambiciosos, que em busca da riqueza deixavam seus bens no litoral e avançavam pelos caminhos de São Paulo até Minas. Paradoxalmente, a maioria fugitiva da miséria padecia dificuldades como jamais vivera em seus lugares de origem e, na impossibilidade do regresso, lamentava as desilusões na agricultura ou na pecuária.

Assim, ao lado do encontro de metal precioso, operava-se o fenômeno das fazendas de cultura e de criação.

Terrenos acidentados fizeram com que as casas fossem construídas em grupos desiguais, sem ocupar os mesmo planos em relação às ruas – estas se transformavam em verdadeiros tobogãs mesmo em dias secos. Em poucas ruas havia calçamento; nas menos íngremes, porém não menos lamacentas, costumavam se assentar pedras em pontos estratégicos para que transeuntes pudessem caminhar saltitando por elas.

Onde há dinheiro, há comércio, e o de Vila Rica pululava na praça principal – um largo repleto de vendas, que tinham desde os produtos importados de outras capitanias e vendidos a preço exorbitante, até os gêneros produzidos na vizinhança.

Em menos de 20 anos de existência Vila Rica iria se tornar o centro de maior população do Brasil, maior comércio, sobretudo, de abastecimento, e acúmulo de riquezas, além de um dos maiores centros culturais da América, apelidada de "pérola preciosa do Brasil". Era comparada pelos estrangeiros que a visitavam aos maiores centros culturais e intelectuais do século XVIII, tais como as próprias Paris e Londres. Isso fez com que interesses econômicos e filosóficos criassem uma geração de intelectuais e artistas.

Nem por isso a população, então já composta por muitas pessoas nascidas ali e com ideias de liberdade política e social, gozava de condições privilegiadas. As riquezas ficaram nas mãos de uns poucos que, além da extração de ouro, penduravam-se na administração pública que pouco se preocupava com a estrutura de Vila Rica, visto que Lisboa chamaria a sua prole de *gênio e de talento* para contribuir para a elevação do carcomido Reino. Não que faltassem, na Capitania, as pompas que a riqueza pode proporcionar, mas era tudo muito desordenado.

A educação das mulheres ficava a cargo da família, e os homens frequentavam o Seminário de Mariana ou um dos poucos colégios do Rio de Janeiro; mais tarde o jovem era enviado a Portugal para ingressar na universidade. A falta de cursos superiores no Brasil do século XVIII tem sido explicada como natural decorrência do meio cultural em que viviam aqui nacionais e estrangeiros. Não há dúvida de que a cultura sofrera retrocesso com a expulsão dos jesuítas nesse século, logo após o Sismo de Lisboa que levou o marquês de Pombal a um sentimento antijesuítico forte o suficiente para escrever a sua "Declaração Cronológica", onde afirmava que os "jesuítas incitavam as populações contra o governo". Eram esses padres que cuidavam dos estabelecimentos primários e secundários do país. Mas a causa verdadeira da falta de ensino superior estava no desejo de Portugal de manter a população na ignorância e, com ela, impedir que pleiteassem emancipação política.

O setor de maior gravidade era o da saúde. A falta de cirurgiões e de um plano mais amplo para melhorar as condições sanitárias da população preocupava os mais esclarecidos. O poder público local tomava conhecimento de tudo isso e não ousava contrariar Portugal. Foi assim que médicos práticos e curandeiros abriram suas boticas, que até 1828 eram licenciadas pelo Senado da Câmara no mesmo pé de igualdade com as demais casas comerciais.

As boticas tinham prateleiras e móveis que abrigavam as mais diversas mezinhas – em caixas de madeira, guardavam as raízes; nos potes ficavam os medicamentos importados da Europa. As manipulações obedeciam às técnicas recomendadas por manuais como *Pharmacopéa Geral*, do doutor Tavares, e o livro *Governo da Medicina*, do cirurgião licenciado José Antônio Mendes. De quando em vez levantavam-se vozes contra as boticas, mas as autoridades entendiam "ser melhor com elas, do que não haver assistência aos enfermos". Os males estavam tão generalizados que, em 17 de junho de 1782, a rainha Maria I, a Louca, se viu obrigada a criar a Junta de Proto-Medicato, para evitar "as frequentes e lastimosas desordens praticadas nas boticas desse Reino e dos meus Domínios Ultramarinos". A carta concedia aos cirurgiões licenciados: "Sangrar, sarjar, lançar ventosas e sanguessugas". Para proceder a essas operações, Salvador Carvalho do Amaral Gurgel, cirurgião e acusado de conjuração, dispunha de um estojo de cirurgia, com cinco lancetas e duas tesouras. Às vésperas de embarcar para o degredo, ele reclamou a devolução desse material sequestrado "por tê-lo na conta de absolutamente necessário ao exercício da profissão no solo africano". Lá ele usará o estojo para tratar o amigo Ouvidor Thomas Antonio Gonzaga.

Os representantes religiosos se equilibravam entre agradar o poder real e os fiéis. A proibição de ingresso das ordens eclesiásticas em Minas incentivou o surgimento de associações religiosas leigas – as Irmandades e Ordens Terceiras. Foram elas que patrocinaram a construção das igrejas barrocas, organizaram a vida religiosa, os eventos comemorativos, além dos rituais de sepultamento, etc.

As duas paróquias que dividiam a Vila tinham poder enorme sobre a população, que havia de pagar os dízimos a uma ou à outra. Havia as famílias que pagavam os tributos a ambas para evitar aborrecimento com os padres ou, como no caso dos Ferrões, por terem familiares nas duas ordens. Bernardo e João Carlos Ferrão depositavam suas oferendas na consagrada Nossa Senhora do Pilar, local conhecido como Freguesia do Ouro Preto, onde foram gastos cerca de 450 quilos de ouro nos ornamentos de altar, paredes e teto. Quanto à de Nossa Senhora da Conceição, na Freguesia de Antônio Dias, onde Dorothea foi batizada, eram as irmãs Catharina e Thereza que se encarregavam de ofertar aos santos.

A economia oprimia o povo. A extração de ouro e diamantes deu origem à intervenção regulamentadora mais ampla que a Coroa realizou no Brasil. Pesados tributos eram repassados à população com o objetivo de pagar os altos custos das despesas administrativas da Coroa. O órgão central da Fazenda na metrópole, o temido Erário Régio, uma espécie de Leão da Fazenda, baseava sua receita nos mais diversos produtos e serviços. Arrecadavam-se impostos sobre ouro, diamantes, escravos, lojas, artigos importados. Os encargos foram, sobretudo, instáveis, pois eram exigidos conforme a necessidade da coroa portuguesa e de acordo com a fase econômica em que se encontrava a Colônia.

A tentativa de utilizar o ouro sob outra forma – em pó, em pepitas ou em barras não marcadas – era rigorosamente punida, com penas que iam do confisco dos bens do infrator, até seu degredo perpétuo para as colônias portuguesas na África. Como o ouro era facilmente escondido graças ao seu alto valor em pequenos volumes, criou-se a finta – um pagamento anual fixo de 30 arrobas, cerca de 450 quilos de ouro que o quinto deveria necessariamente atingir, sob pena de ser decretada a derrama, isto é, o confisco dos bens do devedor para que a soma de 1.500 quilos fosse completada.

Cada vez que se decretava uma derrama, a Capitania entrava em polvorosa. A força armada se mobilizava, a população vivia sob o terror; casas particulares eram violadas a qualquer hora do dia ou da noite, as prisões se multiplicavam. Isso durava não raro muitos meses, durante os quais desaparecia toda e qualquer garantia pessoal. Todo mundo estava sujeito a perder, de uma hora para outra, seus bens, sua liberdade, quando não sua vida.

O termo quinto não significou necessariamente a quinta parte ou 20% da produção do ouro. Na verdade o quinto assumiu o significado de quota devida sobre o ouro, podendo não corresponder ao limite de 20%, ou seja, o quinto ficou sendo a denominação para qualquer forma de encargo tributário destinado especificamente às explorações auríferas.

Foi em meio a esse clima de insatisfações e corrupção, entre o eldorado e a decadência pública que o novo ouvidor-geral chegou a Vila Rica, e com ele a mudança no destino de Dorothea, que ficará conhecida daí em diante por Marília.

O governo português fez grande esforço para arrecadar tributos. Tomou também várias medidas para organizar a vida social nas minas e em outras partes da Colônia, mas a administração portuguesa não alcançou plenamente seus objetivos básicos na região das Minas Gerais. A corrupção das autoridades, a sua posição entre a Coroa e o mundo na Colônia, além dos conflitos de atribuições dos funcionários foram alguns dos fatores que dificultaram a ação do governo português.

A quantidade de ouro extraído de Minas Gerais é cifra incalculável. Alguns estudiosos afirmam que, no período de 100 anos, entre 1700 e 1800, foram retiradas cerca de 700 toneladas, além das 300 que se julga haver sido contrabandeadas. Muitos historiadores admitem que 50% de todo ouro chegado à Europa, no século XVIII, provinha da colônia portuguesa de Minas, o que representa cerca de um terço de toda a produção aurífera do planeta entre os anos 1500 e 1800. Só em 1750 foi enviada para Portugal como pagamento do quinto a absurda quantidade de 14 mil quilos de ouro.

Com relação aos diamantes, sabe-se que desde 1714 já eram explorados, apesar de sua descoberta oficial se dar em 1723, quando Bernardo da Fonseca Lobo encontrou as primeiras "faisqueiras". Nos primeiros 100 anos de exploração foram extraídos oficialmente cerca de 3.100.000 quilates de pedra, ou seja, cerca de 617.000 quilos de diamantes, sem contar outras gemas preciosas e semipreciosas. Um deles, o fabuloso diamante "Estrela do Sul", foi descoberto no ano 1853, em Vila Bagagem (atual Estrela do Sul). A versão menos lendária sobre a sua descoberta é de que a pedra tenha sido encontrada por Casimiro – fazendeiro local –, que vendeu a pedra bruta de 261 quilates, no Rio de Janeiro, por quatro mil contos de réis. O diamante foi revendido por U$12.000 a alguns europeus que o fizeram chegar até Amsterdã por U$35.000, onde foi lapidado e reduzido para 128 quilates. Um príncipe da Índia o comprou pela quantia de U$400.000. Em setembro de 2004, esse diamante foi exposto para leilão pela Casa Cartier, durante a 22ª Bienal de Paris, no Museu do Louvre, onde alguns especialistas internacionais admitiram que a pedra, com grau de pureza VS-2, poderia facilmente ser arrematada por cifras que superariam os U$50 milhões.

    O paradeiro das riquezas é conhecido daqueles que visitam Portugal, onde elas financiaram palácios, igrejas, bibliotecas, saciando o exibicionismo da corte portuguesa. Grande parte do ouro serviu de agrado às cortes da Espanha, França, da Santa Sé, e principalmente à Inglaterra como fonte de pagamento de acordos comerciais. Historiadores afirmam que o ouro mineiro gerou a revolução industrial inglesa e, por conseguinte, a era do maquinismo.

CAPÍTULO II

Marília de Dirceu

Um certo ouvidor

Enquanto as chuvas castigavam as estradas naquele começo de dezembro de 1782, dificultando a chegada do novo Ouvidor à Capitania, a extração do ouro, que diminuía a olhos vistos, gerava insatisfações entre a população de Vila Rica. Era necessário ir buscá-lo agora nas entranhas da terra e gastar exorbitâncias em material e mão de obra. O ferro trabalhado chegava de Lisboa caríssimo, onerado com impostos absurdos, e os escravos estavam a alto preço. Iniciava-se na capitania um mal-estar econômico. Os povos deviam à Fazenda vultosas quantias, e temia-se que uma derrama fizesse pagar as somas atrasadas. O poder eclesiástico agravava a situação com exigências de contribuições a pretexto de direitos paroquiais, benesses e paz do altar. A tal ponto subiram as extorsões, que o procurador dos povos de Minas Gerais se viu obrigado a representar contra os excessos dos párocos. Os ânimos se revelavam em efervescência perigosa.

A desorganização administrativa e as exações do fisco começavam a desorientar a população. A dívida com a coroa portuguesa crescia, e com ela a revolta. Conspirava-se em toda parte, e os intelectuais da Capitania começavam a circular seus versos críticos ao governo. Cláudio

Manoel da Costa, José Caetano Cesar Maniti, Diogo Ribeiro Pereira de Vasconcelos, Inácio José de Alvarenga Peixoto e Padre Martinho de Freitas Guimarães ensaiavam ideias de liberdade frente à opressão que abundava na antiga fórmula do padre Antônio Vieira (1951, v. X, p. 107 e 110): "O que se tira do Brasil, tira-se ao Brasil; e o Brasil o dá, Portugal o leva. [...] tudo o que se tirar do Brasil com o Brasil se há de gastar".

Foi nessa Vila Rica opulenta e agitada, ainda governada por D. Rodrigo José de Meneses, que Thomas Antonio Gonzaga foi exercer o cargo de Ouvidor, graças a amizades de poderosos lusos. Ele já devia ter uma ideia da atmosfera que iria encontrar. Até mesmo em Lisboa tivera, certamente, bons informantes. O tratadista do *Direito Natural* iria provar no contato com as questões brasileiras a solidez das suas doutrinas.

Os Paços do Conselho da Casa da Câmara abrigaram, como deveria ser, a posse concorrida do novo Ouvidor da capitania mais cobiçada da Colônia. Ao seu novo ofício se juntavam as atribuições de Provedor dos bens de defuntos e ausentes, capelas e resíduos. Entre suas múltiplas funções, estava exercitar a jurisdição ordinária e criminal por bem do regimento dos ouvidores do Rio de Janeiro.

D. Rodrigo José de Meneses, um jovem capitão-general benquisto por seus saraus literários, as famosas academias, logo passou a conviver com Thomas Gonzaga, que ensaiou na esposa do governador, D. Maria José de Eça e Bourbon, um soneto (Parte III – n. VI, de *Marília de Dirceu*).

Gonzaga não era somente um bom poeta; conhecia os deveres do cargo como poucos. Tal conhecimento se fez providencial aos amigos, como a carta sobre a usura que dirigiu ao Intendente do Ouro, Francisco Gregório Pires Monteiro Bandeira em 1783. Cláudio Manoel da Costa, que emprestava dinheiro a juros, vibrou de satisfação. Foi o próprio empreendimento de "emprestar-se dinheiro" que possibilitou a chegada do Ouvidor. Em Portugal, Gonzaga pediu dinheiro a Custódio José Ferreira para as despesas de viagem e de instalação em Vila Rica, que foi pagando depois em prestações, em 1784 e 1785, o que prova que o seu estado econômico não era muito próspero, como nunca o foi até cair em solo africano.

Não durou muito o bom tempo para Gonzaga. Em outubro de 1783, tomava posse da capitania o duro e autoritário Luís da Cunha Meneses, transferido de Goiás. Homem despótico que de início entrou em conflito de atribuições com o Ouvidor.

Uma das desavenças entre ambos se deu a propósito da arrematação de umas lavras no arraial de Antônio Pereira. O governador, para favorecer protegidos, impugnou a validade da arrematação, dando a outro aquelas lavras. Contra tal atitude, Gonzaga formulou queixa à rainha:

> *Ele intitula o seu poder supremo. Ele perdoa os delitos de morte, chegando a tirar a um padecente do caminho da forca às mãos da justiça e mandando que nós o sentenciássemos em diversa pena, obrigando-nos a julgar válido um perdão que só a V. M. é facultado, e fazendo por um simples despacho aquilo mesmo que V. M. só pratica por um decreto. Ele lança fora da cadeia os presos dos ministros, como praticou com Basílio de Brito, que tendo já sua sentença de Angola e estando preso à minha ordem por precatório vindo do Tejuco, donde tinha fugido, o mandou para a casa do contrato. Enfim, Senhora,*

passa moratórias, suspende execuções, impede que se citem militares, e conhece de todas as acusas de qualquer natureza que elas sejam (GONÇALVES, 1999, p. 137).

Em 3 de dezembro de 1784, houve outro conflito entre eles. Estava aberto o concurso para a arrematação da cobrança dos direitos sobre importações, a que se chamava "entradas". Um arrematante, o capitão José Pereira Marques, era afilhado de Cunha Meneses, e este, presidente da Junta, conferiu o contrato ao seu protegido. Gonzaga lavrou protesto contra a decisão.

Cunha Meneses vingava-se do Ouvidor acusando-o de extorsões à Real Fazenda. Em ofício de 5 de janeiro de 1785 expunha o desastre financeiro da cobrança dos dízimos que não depositara no cofre uma só moeda. E, para mostrar aos ministros de Lisboa que sabia fazer melhor as coisas, saltou por cima da autoridade do Ouvidor e encarregou oficiais militares de efetuar a cobrança pelas diferentes comarcas. O conflito fez com que Gonzaga brilhasse aos olhos da população e criou um ódio surdo contra o governador. Foi então que começaram a circular as famosas *Cartas chilenas*, uma sátira veemente à tirania de Cunha Meneses.

Cunha Meneses deveria espernear de raiva ao ter conhecimento dos versos; e com ele todos aqueles que o bajulavam e obtinham favores do Fanfarrão Minésio – alcunha depreciativa com que é referido nas *Cartas*. Um protegido que tem seu nome marcado na história de Minas, mais ou menos como o de Judas na história de Jesus, o tenente-coronel Joaquim Silvério dos Reis, era o Silverino dos versos. Figura sinistra, que guardou ódio de morte a Gonzaga.

Não tendo mais convivência agradável no paço, Gonzaga dedicou-se às amizades que fizera. Passou, então, a se relacionar com os endinheirados da Capitania. O primeiro de que se aproximou foi Inácio José de Alvarenga Peixoto, por havê-lo conhecido em Coimbra por volta de 1762, onde circulava como um dos favoritos da Corte por haver declamado em público uma ode dedicada ao marquês de Pombal (*in* LAPA, 1960):

Pombal junto a José eterno fique:
Qual o famoso Agripa junto a Augusto,
Como Sully ao pé do grande Henrique.

Alvarenga Peixoto já estava casado com Bárbara Eliodora e residia em São João del Rei, mas ia repetidas vezes a Vila Rica, onde se hospedava com Thomas Antonio Gonzaga e convivia literariamente com ele e com Cláudio Manoel da Costa. Os três, acrescidos do Cônego Luís Vieira da Silva, formavam o núcleo de homens mais cultos da Capitania, no final do século XVIII.

Para Gonzaga, muitos eram os atributos de Cláudio Manoel que, além da notável cultura que reuniu em sua biblioteca particular quase 400 volumes, e de suas atividades públicas, acumulou considerável estoque de ouro, sendo talvez o homem mais rico de Vila Rica. Ao conhecer o Ouvidor, Cláudio Manoel já havia terminado o poema *Villa Rica*, no qual narrou, com exatidão, a epopeia dos descobrimentos do ouro das Minas Gerais e de sua agitada exploração. Nessa produção, o prosaísmo e o abuso de alegorias se contrapõem ao vigor de certas descrições. Ao incriminar os dirigentes do Levante de 1720, traça com significativa antecipação e realismo o que seria seu destino e o dos conjurados em 1789:

> *[...] oh! não se engane*
> *O vassalo infiel; bem que profane,*
> *Que ataque, e insulte a régia autoridade*
> *Ao destroço da vil temeridade*
> *Será o campo teatro, e em seu sangue [...]*
> *Chorarão sem remédio o seu delito*

Baixo e gorducho, Gonzaga desfrutava da arte da sedução como poucos ali. A imagem do poeta é cercada de enigmas. Um fascículo chamado *Isto é Inconfidência*, edição n.º 14, ano VI, um boletim informativo, publicado pelo IPHAN e o Museu da Inconfidência de Ouro Preto, no parágrafo intitulado "Relíquias" traz a seguinte informação:

> *Surgiram, com possibilidade de virem a ser incorporadas pelo Museu, duas peças de interesse histórico, relacionadas com a inconfidência. [uma delas] A representação em pintura de Tomás Antônio Gonzaga, trabalho executado por J.M. Mafra no século XIX. [...] A interpretação do que poderia ter sido o poeta é, claro, puramente imaginosa. Sua aparência acabou sendo demasiadamente jovem, com bela estampa e cabelos longos [...].*

Tal imagem foi capa do boletim e retrata Gonzaga na masmorra, e foi difundida a partir de uma ornamentação da edição de *Marília de Dirceu* impressa pelos irmãos Laemmert, de 1845, publicada no Rio de Janeiro. Pintado em óleo sobre tela, o retrato é de tamanho natural do poeta e, na época, foi intermediado por um ex-embaixador brasileiro, cuja identidade é guardada em sigilo pelas partes negociantes.

Quem vê essa imagem logo percebe que Gonzaga pintado na masmorra é um homem melancólico, mas sereno; com cabeleira negra, esbelto e beirando os 48 anos, o que por si só já vai de encontro à realidade. O fato é que Gonzaga não possuía biótipo condizente com o que gostaria a sua renomada vaidade, nem como gostariam aqueles que cultivam sua imagem de herói inconfidente.

Embora o explorador inglês Richard Burton tenha confundido algumas informações colhidas sobre os inconfidentes, pelo menos quanto à aparência de Gonzaga foi mais assertivo, isso porque, ao visitar Ouro Preto em 1867, pegou informações de que a tradição oral recente deixava memória. Assim, registra Burton, em seu livro *Viagem do Rio de Janeiro a Morro Velho* (1976, p. 305):

> *O desterrado da África, é descrito [...] como um homem baixo e robusto, de cabelos louros, olhos azuis vivos e penetrantes e uma fisionomia simpática e inteligente; seus modos, ao mesmo tempo francos e corteses, conquistavam a todos. Era um janota, deleitando-se em usar camisas de batista, rendas e lenços bordados; deixou cerca de quarenta casacos, uns cor de pêssego, outros verde-papagaio; um guarda-roupa bem sugestivo.*

Certamente o inglês não colheu apenas informações da tradição oral de Ouro Preto, mas depoimentos de pessoas importantes no cunho histórico, tais como João Manoel Pereira da Silva (1817-1889), político e titular do Conselho do Império, romancista, historiador, crítico literário, fundador da cadeira n. 34 da Academia Brasileira de Letras, e que na introdução histórica da edição de *Marília de Dirceu* impressa pelos irmãos Laemmert deu o seguinte depoimento:

> *Era Tomás Antonio Gonzaga de estatura pequena, cheio de corpo; tinha fisionomia clara e espirituosa, animada por dois olhos azuis, vivos e penetrantes; sua conversação alegre e jovial encantava, seus modos agradáveis e polidos lhe atraíam todos os corações.*

Burton, em seu livro *Viagens aos planaltos do Brasil* (1868), refere-se a Gonzaga como "Um *dandy* – hoje o chamaríamos de almofadinha (homem elegante de boas vestes sem pertencer necessariamente à sociedade rica), gostando de camisas de batista, rendas, lenços bordados". Criado em Portugal, no coração da Corte, Gonzaga sabia como circular dentro dela.

A sociedade portuguesa do setecentos, beata e inculta, afrancesada e frívola, escandalosamente mulherenga e afetadamente erótica, conheceu três tipos diferentes de namorador: o faceiro, o casquilho e o peralta – esse último é o caso do poeta. Homem elegante à maneira da época, conquistador, inclinado ao galanteio, Gonzaga cortejou algumas senhoras de Vila Rica em flertes mais ou menos duradouros, como exibe na 3ª parte do poema, devendo, contudo, notar-se que alguns os datarão do tempo de Coimbra, Porto e Lisboa.

Mas Gonzaga queria uma companheira para aquecer-lhe os pés. As mulheres que usufruíam de liberdade e pouco se importavam o que delas a sociedade falasse, disputaram sem trégua os braços do ouvidor. A eleita foi Maria Joaquina Anselma de Figueiredo, conhecida como "Loura Anselma". É ela a mulher que frequentará a casa da ouvidoria por quase dois anos e vai obscurecer Marília de ciúmes. Da união nasceu Antônio Silvério da Silva Mursa – filho natural, criado por Pedro Teixeira da Silva Mursa, o Florício das *Cartas chilenas*.

O nascimento de Antônio veio apressar o rompimento dos amantes. Gonzaga sabia que não tinha mais idade para aventuras e o concubinato estava fora de questão. Ele queria uma esposa para acompanhá-lo na carreira e desfilar com ele na Corte. Assim, pôs-se atento às solteiras endinheiradas que a cidade oferecia.

Instalado na casa dos magistrados, vizinho de Antônia Cláudia Casimira de Seixas, casada com Luís Antônio Saião, logo conheceu a família Ferrão por meio de Bernardo Manoel. A amizade tinha tudo para ser profícua. Bernardo, que gostava de literatura, encontrando no Ouvidor uma fonte inesgotável de conversas, e este que gostava, e muito, do conforto, teve imediata simpatia pelos moradores do Solar dos Ferrões, principalmente, quando numa de suas visitas conheceu a beleza de Dorothea.

Mas no solar o poeta não teve oportunidade de se aproximar da jovem, pois as conversas eram reservadas apenas aos homens. Sabia ele que teria mais tempo para a conquista quando Marília fosse visitar a tia Antônia Cláudia – vizinha da casa da ouvidoria.

Dali em diante, Gonzaga encontraria tempo para se debruçar no muro de Antônia Cláudia e pôr em prática a conquista da jovem. Em princípio Marília não estranhou o interesse do poeta, pois já o vira diversas vezes em companhia dos tios. Ela até se sentiu lisonjeada. Começa então o idílio entre a moça inexperiente e o ouvidor quarentão, que irá atravessar a História por meio das liras que compõem *Marília de Dirceu*, obra procedente do Arcadismo, que à época vendeu exemplares em número superior a Camões.

A poesia de Gonzaga, além do seu valor intrínseco, documenta bem a passagem do classicismo para o romantismo. O artista apegava-se ao idílio rústico e a um anacreontismo de apuro excessivo. A fantasmagoria mitológica com suas constantes citações dos deuses era moda do tempo. A sua obra, quase unicamente voltada ao amor, não manifesta com clareza a sua concepção da vida, o que pensava da sociedade e dos homens, mas nos leva a afirmar que o escritor se encontrava sob a influência do filosofismo do Setecentos. Gonzaga era um naturalista, designação que naquele tempo andava mais ou menos a par com a de espírito forte, liberal, materialista.

As liras, que primeiramente eram entregues a Marília pelo muro que separava as casas do Ouvidor e de Antônia Cláudia, passaram a ser lidas nas pontes, nos adros de igrejas e nos salões da cidade. Dezenas e dezenas de cópias manuscritas pelos amigos do poeta eram divulgadas por toda a Vila Rica.

Gonzaga, que chegou celibatário às terras brasileiras com seus namoros e aventuras mais ou menos duráveis, não mais podia se amancebar com outra mulher, pois isso não convinha à sua condição de magistrado. Embora a família de Marília, ao saber do namorico, tenha proibido as visitas da moça à casa da tia, o poeta já havia definido que Marília seria a sua companheira e que dali para frente seguiria o conselho dos amigos: "Arranjar uma mulher para lhe cerzir as meias e pregar os botões das ceroulas e camisas, tratar do seu estômago". E para transformar Dorothea nessa mulher, não haveria ninguém que ele não se dispusesse a desafiar.

A escolha de Marília não foi apenas pela sua beleza, mas a jovem reunia atributos iguais ou superiores ao tipo físico.

Pertencia a família de posses e de influência na Vila; era jovem e poderia dar ao poeta filhos legítimos que usassem o seu nome. Jamais ele aceitaria uma mulher da sua idade. Mas os seus quarenta anos não devem ter incentivado a moça de imediato, mesmo quando Gonzaga afirmou sua virilidade na primeira Lira que dirigiu a ela:

> *Eu vi meu o semblante numa fonte,*
> *Dos anos inda não está cortado;*
> *Os Pastores que habitam este monte*
> *Respeitam o poder do meu cajado.*
> *[...]*
> *Graças, Marília bela,*
> *Graças à minha estrela.*
> (*Marília de Dirceu* – 1ª Parte – Lira I)

Traduzindo, ainda era um homem firme e forte, cuja aparência não mostrava estragos da idade.

Para jurar a Marília sua fidelidade, teria de demonstrar-lhe que dava por encerrada a vida de namorador e já se via casado com sua musa:

> *Enquanto revolver os meus Consultos*
> *Tu me farás gostosa companhia,*
> *Lendo os fatos da sábia, mestra História,*
> *E os cantos da Poesia.*
> (*Marília de Dirceu* – 3ª Parte – Lira III)

Embora tivesse mais que o dobro da idade de Marília, Gonzaga tinha porte elegante e mais elegante o trajar que fazia questão de apurar, desde o casaco cor de vinagre, calções e blusa de seda fina, sapatos baixos onde brilhava a fivela, e uma cultura clássica aprimorada; tudo isso fazia dele uma figura de sucesso. O fato de muitos repararem na diferença de idade entre o casal e na condição modesta de Gonzaga – sem bens nem fortuna, enquanto Marília pertencia a uma das principais famílias de Minas –, fez com que o poeta, tomando um motivo antigo, dirigido a certa Nise, compusesse uma poesia em que refuta a ideia exagerada da sua pobreza e da sua decadência física. Nela ele tem o cuidado de insinuar a superioridade do seu talento literário à falta de bens materiais.

> *Com tal destreza toco a sanfoninha,*
> *Que inveja até me tem o próprio Alceste:*
> *Ao som dela concerto a voz celeste,*
> *Nem canto letra que não seja minha.*
> (*Marília de Dirceu* – 1ª Parte – Lira I)

"Alceste" talvez fosse mais um dos pseudônimos de Cláudio Manoel da Costa. Nesse verso Gonzaga insinua que o amigo, mesmo dono de valiosa fortuna que lhe propiciou colecionar verdadeiras relíquias literárias, não o superava na arte.

A grande dúvida é o motivo pelo qual Gonzaga insistiu em batizar Dorothea de Marília para denominar a sua musa pastora, se quase todos os poetas do século XVIII usavam para seus amores os mesmos pseudônimos. Talvez um motivo mais profundo... Gonzaga admirava o poeta latino Virgílio (70-19 a.C), como atestam as leituras dos inconfidentes, sequestradas durante a devassa. Nos diálogos de Virgílio, figura uma pastora de nome Amaryllis, originado de "Chloris", palavra grega que significa "Flora" ou deusa das flores – esse nome o poeta árcade português Antônio Ferreira (1528-1569) transmudou para "Marília", em suas églogas. É provável que Gonzaga, ao assumir o pseudônimo do pastor "Dirceo" (grafia da época) em seus diálogos, tenha tomado emprestado o nome "Marília" por ser uma variante de "Maria", alusivo ao nome verdadeiro de Maria Dorothea. Assim, essa Marília, que não é a de Virgílio nem de a Antonio Ferreira, passou a ser a Marília de Dirceu.

As liras ganham clareza com o artigo intitulado "Dirceu de Marília: a interpretação da lírica de Gonzaga por Antonio Cândido", publicado pela socióloga Paula Ferreira Vermeesch em 2004 e aqui transcrito em grande parte por ser uma relevante visão crítica e sociológica do poema:

> *[...] Tomás Antonio Gonzaga não havia começado a escrever poemas apenas depois de conhecer Dorothea: reescreve algumas liras, dedicadas a muitas musas, e lhes dá uma outra roupagem, persuadido pela força do amor novo, e inspirado num amigo mais velho e experiente, um dos responsáveis pela renovação dos cânones poéticos em Portugal, Cláudio Manoel da Costa. Suas liras ficam repletas de referências à Marília, a doce Dorothea travestida de pastorinha rococó, e a Glauceste, o ilustre Cláudio, como o pastor que acompanha Dirceu em suas peripécias amorosas. Nas linhas que escreve, Tomás emociona-se, vibra, lamenta-se da frivolidade da amada, afirma seu valor próprio diante das recusas da família dela, faz brincadeiras mitológicas, preocupa-se com o passar do tempo e o envelhecimento, exalta a paz conjugal. Depois de muito*

insistir, torna-se noivo de Dorothea e espera uma transferência para a Bahia.

[...] Na época em que Tomás Antonio Gonzaga escreveu suas liras, não existia ainda em sua totalidade a ideia de uma literatura brasileira, de um jeito de escrever que fosse intrinsecamente nacional. Mas o fato é que escritores que vieram depois se inspiraram em Marília de Dirceu para constituir uma esfera social de obras, autores, críticos e público no novo Estado que surgia, no desenrolar do século seguinte. Esse processo é analisado numa das maiores obras de crítica literária no país, Formação da Literatura Brasileira, de Antonio Candido. O crítico dedica um capítulo à produção lírica de Gonzaga [...] e começa seus comentários afirmando ser impossível compreender tal produção se não se tem em vista que ela surge da experiência pessoal do poeta, do fato de ele ter-se apaixonado por Dorothea, e conhecido Cláudio, o árcade que trouxe ninfas para os ribeirões das Minas Gerais. Gonzaga surge como um grande poeta justamente num período de crise afetiva e política. [...] Marília de Dirceu seria, para Antonio Candido, um poema de lirismo amoroso baseado numa experiência concreta, e uma exposição serena e altiva da personalidade de Gonzaga. Esse dois polos não se excluiriam: juntos, seriam a chave para a compreensão do livro. O juízo crítico do autor divide-se em três pontos principais: a aventura sentimental de Gonzaga, sua formação poética e as características de sua poesia. O primeiro ponto explica-se pela presença marcante da personagem Marília, tão forte que chega até a ser física. Os poemas criam um mito feminino dos poucos

existentes em nossa literatura (Iracema e Capitu seriam suas "descendentes"). As musas dos outros poetas árcades, como Silva Alvarenga, tinham existências despersonalizadas; Marília aparece na janela com suas tranças, suas estratégias amorosas, mau-humor e doses de frieza diante de Dirceu apaixonado, e, simultaneamente, a musa de Gonzaga, escreve Antonio Candido, despede-se da vida cotidiana para se tornar uma figura de Fragonard, um bibelô delicado ora louro, ora moreno, ora com flores, ora com cordeiros. [...] Mesmo lidando com a hipótese de que algumas liras dedicadas a Marília sejam poemas reescritos, o fato é que a poesia de Gonzaga tomou corpo somente no momento em que a bela Dorothea entrou em sua vida: foi um acaso feliz para a nossa literatura esta conjunção de um poeta de meia-idade com a menina de dezessete anos. O quarentão é amoroso refinado, capaz de sentir poesia onde o adolescente só vê o embaraço cotidiano; e a proximidade da velhice intensifica, em relação à moça em flor, um encantamento que mais se apura pela fuga do tempo e a previsão da morte. Neste ponto, Gonzaga enaltece a vida conjugal que terá ao lado de Dorothea, e não a idealiza mais mitologicamente. A experiência amorosa do poeta, primeiro nas esquinas de Vila Rica, e depois nos cárceres do Rio de Janeiro, tornar-se-ia um dos roteiros literários mais dignos produzidos no Brasil. [...] Gonzaga surge atrás da capa transparente de Dirceu, e é o único dentre os árcades cuja obra é a biografia, e vice-versa. [...].

A conquista

Ao perceber que as intenções de Gonzaga eram sérias, Marília se viu confusa e retraída. O que achava ser em princípio apenas um flerte sem consequências tornou-se motivo de preocupação para a moça. Ela não tinha certeza de que Gonzaga fosse o homem que sonhara para seu companheiro. É certo que o lado poético abalava seus sentimentos, mas ela não sabia até onde tinha disposição de encarar um pretendente tão mais velho e ainda mulherengo.

Movido por uma paixão desatinada que leva um homem a uma vida de transgressões perversas, talvez, quando Gonzaga se deu conta da situação, fosse tarde para perceber que ele tinha 39 anos e ela apenas dezesseis. Ponderava que, de um lado, ele tinha a idade de um homem considerado maduro, do outro lado, sabia ser dotado de virilidade, charme, elegância e inteligência. Não estava disposto a perder Marília para o que ele desconfiava não passar de dúvidas da adolescência. Foi à luta. Fez-se valer de sua melhor estratégia, na qual usava sua mais poderosa arma: a poesia.

Um fruto de marmelo colocado no cesto, ramos de capim-cidreira dispostos ao lado. Marília se entretinha no quintal da tia Antônia Cláudia todas as tardes, e muito comum era dormir na casa da tia, como informa uma das liras:

Quando apareces
Na madrugada,
Mal embrulhada
Na larga roupa,

E desgrenhada,
Sem fita ou flor;
Ah! que então brilha
a natureza!
Então se mostra
Tua beleza
inda maior.
(*Marília de Dirceu* – 1ª Parte – Lira XVII)

Nessa lira, Gonzaga demonstra que começava a espreitar Dorothea ao amanhecer e prova que ela dormia de quando em vez na casa da tia, pois jamais teria sido possível tal visão da musa em desalinho mirando para o Solar dos Ferrões, que ficava muito distante. Também na rua seria inconcebível vê-la despenteada ou vestida em "larga roupa". A roupa descrita seria um desses roupões usados na época para se levantar em tempo frio. Tampouco Marília podia supor que havia olhos a espreitar, caso contrário não se deixaria ver em trajes considerados íntimos.

Já os passeios à tarde pelo quintal de Antonia Cláudia, que traziam a moça devidamente penteada e vestida, foram os momentos escolhidos pelo poeta para se exibir a Marília. Um assobio delicado, ao ritmo de um canário solitário, bastava para capturar os pensamentos absortos da moça. Bem ali, com o queixo pousado no muro, perto da horta, um rosto redondo, maduro, clama por sua atenção. Ao avistar o Ouvidor acenando para ela uma folha dobrada, Marília titubeia por instantes, até que ruma em direção ao homem e recebe uma lira de amor. Qual verso declamado no dia, somente eles saberiam. O certo é que seriam voltados para o encantamento da presença de Marília.

Os teus olhos espalham luz divina,
A quem a luz do Sol em vão se atreve;
Papoula ou rosa delicada e fina
Te cobre as faces, que são cor da neve.
Os teus cabelos são uns fios d'ouro;
Teu lindo corpo bálsamos vapora.
(*Marília de Dirceu* – 1ª Parte – Lira I)

É claro que Marília era morena e tinha cabelos negros, como o poeta declara em outras liras, mas era moda, e moda clássica, atribuir à namorada cabelos loiros e ares mitológicos. Sua beleza se sobrepunha à da maioria das mulheres, "rosto perfeito", como escreveu o poeta. O seu retrato foi desenhado em rimas e por elas temos ideia de seu real perfil:

Os seus compridos cabelos,
Que sobre as costas ondeiam,
São que os de Apolo mais belos;
Mas de loura cor não são.
Têm a cor da negra noite:
E com o branco do rosto
Fazem, Marília, um composto
Da mais formosa união.
Tem redonda, e lisa testa,
Arqueadas sobrancelhas;
A voz meiga, a vista honesta,
E seus olhos são uns sóis.
[...]
Na sua face mimosa,
Marília, estão misturadas

Purpúreas folhas de rosa,
Brancas folhas de jasmim.
Dos rubis mais preciosos
Os seus beiços são formados;
Os seus dentes delicados
São pedaços de marfim.
(*Marília de Dirceu* – 1ª Parte – Lira II)

Os versos referentes à boca e aos dentes de Marília têm relevante significado, pois foram traços que a diferenciaram das outras mulheres de Vila Rica. Numa época em que a legião de desdentados fazia parte do cotidiano, um referencial de beleza seriam os dentes saudáveis e brancos, o que não significava que ela cuidasse deles. Não se dava importância à higiene bucal naquele tempo; aliás, não se dava importância ao asseio em geral.

Se Gonzaga assim a descreveu tantas vezes é porque Marília possuía "dentes alvos, brancos nevados, como finas pérolas, cristalinos e delicados como marfins", numa "boca risonha, breve e engraçada". Além disso, havia o rosto alvo – um referencial de beleza para os estrangeiros era a tez branca –, incomparável, numa colônia onde as cores negra e parda predominavam.

Na composição do rosto, o detalhe da penugem do buço, comum às mulheres da época, que não se depilavam, é própria do alto índice de testosterona que as morenas carregam em sua herança genética. Vieira Fazenda, num artigo das suas *Antiqualhas e memórias do Rio de Janeiro*, referiu-se a esse charme das morenas brasileiras, filhas de portugueses: "Foi o bigodinho de Marília de Dirceu que, segundo é fama, prendeu o coração do lírico Gonzaga. A prima daquela, a poetisa D. Beatriz (Brandão), também tinha bigodinho".

De acordo com as descrições e conforme as correlações fisionômicas, pode-se caracterizá-la como uma mulher de estatura mediana e robusta, devido ao "rosto redondo". Gonzaga confessava com todas as letras que ela possuía "um composto da mais formosa união" capaz de mexer com ele a ponto de fazer-lhe subir "a viva cor ao rosto, girando o sangue na veia, batendo o pulso composto".

Marília possuía grande beleza, assim como toda a linhagem da família, como as irmãs, em especial Emereciana, ou as sobrinhas, como Carlota Joaquina de Mello. Essas mulheres desencadearam verdadeira loucura por parte dos que as pretendiam. As fêmeas da família Seixas, tanto das linhagens diretas como colaterais, possuíam encantos naturais que sobrepujavam os conceitos de beleza tanto para o período setecentista quanto para o oitocentista. Pelo menos três gerações delas causaram estragos consideráveis em corações de homens experientes e de projeção. A beleza atuava na família como uma espécie de sina maldita, já que esteve aliada a desgraças e infortúnios.

Tanta beleza escondia certa rigidez no trato do amor, pois foram precisas várias Liras para chamar-lhe a atenção. Marília, além de ouvir os poemas diretamente pela voz do autor, como mandava o costume, recebia uma cópia escrita para mais tarde ler em segredo reunida com as irmãs. Os poemas mexiam com a sua vaidade, embora ela permanecesse relutante aos esforços do poeta, que mediante a incerteza da moça recorreu à composição mais contundente:

Vou retratar a Marília,
A Marília, meus amores;
Porém como? Se não vejo
Quem me empreste as finas cores!
Dar-mas a terra não pode;
Não, que sua cor mimosa
Vence o lírio, vence a rosa,
O jasmim e as outras flores.

Ah! Socorre, Amor, socorre
Ao mais grato empenho meu!
Voa sobre os astros, voa,
Traze-me as tintas do céu.
(*Marília de Dirceu* – 1ª Parte – Lira VII)

Nesses momentos, se ainda não conquistara seu afeto, Gonzaga conquistara seu carinho e sua gratidão. Marília também fazia certo jogo de sedução com o poeta. Para ela era preciso impor algum sofrimento para garantir a fidelidade daquele cujo passado denunciava uma libido descontrolada. Às vezes, só para castigar o pretendente, voltava-lhe as costas. Noutras, ignorava os apelos do poeta por um pequeno bilhete que fosse. São conhecidas as cartas de Gonzaga para ela, nunca o contrário. Marília era instruída, e o fato de não se corresponder com o poeta talvez denote uma teia de sedução que armava por trás da indiferença.

Pouco a pouco, sem pressa, o estrategista, ciente de ter em suas mãos a arma mais poderosa para atrair o coração indeciso de Marília, continuava a escrever. Ademais, Gonzaga era homem de renomada reputação, e para ele pretendentes à vaga de esposa não faltavam. Buscando mexer com o brio de Marília, tratou de flertar com uma e outra – ameaçou, inclusive, reatar o relacionamento com a Loura Anselma. Rápido ele presenciou uma crise de ciúmes, crise essa que o divertiu o suficiente para registrá-la noutra lira:

> *Minha Marília,*
> *Tu enfadada?*
> *Que mão ousada*
> *Perturbar pode*
> *A paz sagrada*
> *Do peito teu?*
>
> *Porém que muito*
> *Que irado esteja,*
> *O teu semblante*
> *Também troveja*
> *O claro céu!*
>
> *Eu sei Marília,*
> *Que outra Pastora.*
> *A toda hora,*
> *Em toda a parte,*
> *Cega namora*
> *Ao teu pastor.*
> *Há sempre fumo*
> *Aonde há fogo:*
> *Assim, Marília, há zelos, logo*
> *Que existe amor.*
> (*Marília de Dirceu* – 1ª Parte – Lira XVII)

A palavra "zelos" no português antigo significa, entre outras acepções, "ciúmes". Mas, como o ciúme é tempero picante, ele trata de resfriar a moça, garantindo na estrofe seguinte estar aprisionado ao amor de Marília:

Olha Marília,
Na fonte pura
A tua alvura,
A tua boca
E a compostura
Das mais feições.
Quem tem teu rosto.
Ah! não receia
Que terno amante

Solte a cadeia,
Quebre os grilhões.
(*Marília de Dirceu* – 1ª Parte – Lira XVII)

As alegorias das liras foram ganhando proporções ardentes, assim como no mundo real, onde ambos passaram a encontros mais intensos. A intensidade naquele tempo resumia-se a olhares por trás do leque, esbarradas de dedos enquanto se trocavam cumprimentos cerimoniosos à hora das missas. Gonzaga buscava Marília em toda parte. No solar, nas igrejas, nas festas, enfim, não a deixava nunca.

Vaidoso, ele não perde a pose e se enfeita para encontrá-la num domingo de 1786, na missa das nove na matriz de Nossa Senhora da Conceição de Antônio Dias. Já barbeado, enfia ceroulas de Bretanha, veste camisa fina com punhos de renda e calça meias de seda branca. Vagarosamente, escolhe as peças do vestuário. Hesita entre os trajes que a velha escrava Antônia estendeu na cama, todos de seda, a casaca caseada de prata, a véstia bordada e o calção amarelo tostado. No espelho detém-se um bom pedaço de tempo a atar atrás o cabelo, eriçando e ajeitando ao lado das orelhas a cabeleira loura que principia tornar-se ruça e rala. Pinta os lábios e polvilha o rosto. Na algibeira direita da casaca mete com as pontas viradas para fora o lenço perfumado de almíscar, e na esquerda o livro santo e o rosário.

Enluva-se, apanha o chapéu, espécie de mitra de papelão e tafetá. Consulta o relógio com penduricalhos de ouro e vê que chegará atrasado para a missa, pois levara duas horas para se aprontar. Apressa o passo, embora tente não pisar fora das pedras e salvar da sujeira os sapatos de cordovão preto. Dobra uma esquina, dobra mais outra e desce a rua de trás da igreja. "Raio de aldeia, boa só para camponeses e negros" – praguejaria Gonzaga, furioso por enlamear os sapatos.

Ao entrar na igreja protela a retirada do chapéu até se assentar em uma das tribunas da igreja, para então, ao fazê-lo, mover a aba com modo especial, ao que Marília, sentada em baixo e à sua frente, responde com um movimento do leque.

As liras corriam de mão em mão na Vila, causando mais rebuliço do que imaginara Cláudio Manoel ao copiá-las e distribuí-las nos saraus e encontros de fim de tarde. Foi grande o alvoroço da sociedade para saber quem era a musa do poeta português.

Não demorou muito para a família Ferrão descobrir que a Marília das liras era Maria Dorothea, o que gerou desconforto para o tio Bernardo Manoel, que não via com bons olhos aquela união entre gente da sua família e um ouvidor apregoado pelo governador Cunha Meneses.

O capitão Mayrink, tão logo avisado do chamego de sua filha com o poeta, tratou de se fazer mais presente no solar, visando a impedir que o namoro continuasse. Mas... impedir como? Embora Gonzaga fosse pessoa desagradável aos olhos do governo local, era *o* ouvidor da Capitania, homem que gozava de relações na corte portuguesa, influências nas questões econômicas de Vila Rica e poder para causar estragos nas finanças de qualquer cidadão. Visto que Gonzaga não se dobrara ao poder de Cunha Meneses, os Ferrões sabiam que se tratava de homem obstinado, e nenhuma estratégia seria eficaz para afastar a sobrinha das suas garras.

Mal pensou Mayrink em acabar com a festa do Ouvidor e viu emergir do seu passado denúncias que o poderiam colocar na cadeia. Na Serra de Santo Antonio de Itacambiruçu, atualmente municípios de Grão Mogol e Diamantina, mesmo local que fez D. Rodrigo pessoalmente comandar tropa armada para expulsar garimpeiros clandestinos, reinava o contrabando. Mas Cunha Meneses não tinha o perfil do seu predecessor, e, em vez de comandar a tropa armada decidiu enviar seu mais experiente oficial, o capitão Mayrink, para expulsar pela segunda vez o aventureiro João Costa. Os dragões foram instruídos a capturá-lo vivo ou morto. Isso aconteceu por volta de 1782, época em que o capitão Mayrink havia decidido se dedicar à vida militar, portanto aceitou a missão de *limpar* o território diamantino.

Mayrink comandou com eficiência a nova força tarefa, tratando de patrulhar as principais saídas do contrabando de diamantes, além de invocar meios estratégicos contra João Costa. Sua atuação em campo gerou correspondência de Cunha Meneses que, em 31 de maio de 1786, declarou a satisfação com os métodos empregados pelo seu capitão na defesa dos direitos da coroa. Tal episódio gerou ciúmes no intendente do Distrito Diamantino, José Antônio de Meireles, mais conhecido por "Cabeça de Ferro", devido à sua teimosia e ignorância.

Famoso pela maneira violenta como administrava o distrito, Meireles, que já não gostava dos métodos humanitários de Mayrink, passou a odiá-lo não somente pelos elogios do governador como também por entender que o capitão abalara sua autoridade, visto que a função de intendente garantia jurisdição cível e criminal, independente do governo da capitania.

Não tardou para Meireles denunciar Mayrink à Corte de Lisboa. Ocorreu que naqueles dias soldados em patrulha prenderam alguns negros de posse de pequena quantidade de diamantes de baixo valor. Conduzidos à presença do capitão Mayrink, deveriam ser encaminhados por ele ao intendente Meireles. No entanto, o capitão sabia que, se o fizesse, os garimpeiros negros sofreriam as mais abomináveis torturas, por isso decidiu libertar os detidos, apreender os diamantes e encaminhar as pedras ao intendente. A atitude de Mayrink fora o presente que Meireles aguardava, pois isso bastou para ele denunciar o capitão à Corte como cúmplice de contrabando.

Cunha Meneses destituiu o capitão do cargo e o recolheu ao quartel de seu regimento, em Vila Rica, onde aguardou o resultado da devassa contra sua pessoa. Nada sendo apurado que o condenasse, foi absolvido sem nenhuma pena ou punição. Tal acontecimento fez Mayrink se reformar do serviço militar e viver definitivamente da lavoura na fazenda Fundão das Goiabas, em Itaverava.

Diante do receio de o ouvidor ressuscitar o assunto, Mayrink ficou de mãos atadas para aplicar qualquer estratagema contra o namoro de sua filha e Gonzaga, mesmo porque ser sogro do ouvidor da capitania dava legitimidade ao seu nome em Lisboa.

Comentada nas ruas de Vila Rica ou em festas de salão, Marília parecia indiferente tanto aos falatórios quanto à oposição da família. As considerações que os familiares faziam resumiam-se em três fatores: a diferença de idade entre ambos; a situação econômica de Gonzaga; sua qualidade de magistrado, que nunca lhe permitiria fixar residência em lugar nenhum.

Por outro lado, o poder do ouvidor estremecia o sossego dos irmãos Ferrão: João Carlos e Bernardo Ferrão andavam metidos em negócios obscuros de garimpos e agiotagem. Não obstante, o capitão Mayrink, também não fugia à regra, conforme registro do professor Adelto Gonçalves, em sua obra, *Thomás Gonzaga, um poeta do iluminismo* (1999, p. 188):

> *[...] Mayrink era um devedor contumaz e motivo não faltaria para condená-lo, se houvesse vontade política. José Francisco, testamenteiro de Pedro Francisco Souto, por exemplo, tentou cobrar sem sucesso de Mayrink uma dívida de 227 oitavas de ouro. Só conseguiria fazê-lo quando Gonzaga já se encontrava nas masmorras da Ilha das Cobras, no Rio de Janeiro. [...] em outras circunstâncias, se não houvesse nenhum laço afetivo a interferir no caso, certamente o ouvidor teria agido de maneira diferente.*

A última estratégia da família para separar o casal sem atrair a ira do ouvidor foi enviar a moça para Sabará, onde passaria uns tempos em companhia de sua tia Joanna Rosa. Dessa maneira, os comentários cessariam e, quem sabe, o poeta a esqueceria.

Angustiado, Gonzaga buscava consolo com o amigo Cláudio Manoel, que ouvia atento os queixumes do poeta. As liras passaram, então, a ser submetidas à apreciação do amigo, que em seguida as propagava entre os intelectuais no intuito de ressaltar o brilhantismo poético que possuía o ouvidor da comarca. Também o advogado e coronel Alvarenga Peixoto passou a desfrutar das leituras e ajudar a propagar as liras.

Para desespero dos Ferrões, após a partida de Marília o poeta se pôs a produzir muito mais liras e seu amigo Cláudio Manoel tratou de reproduzi-las e divulgá-las pelos quatro cantos.

Embora as liras sofressem deturpações constantes pelos copistas, o par romântico Dirceu e Marília ganhava simpatia, e em todas as reuniões de intelectuais, serões, saraus, banquetes ou mesmo salões de baile, eram solicitadas para leitura. Em vez de cair no esquecimento, o casal acabou por ganhar uma legião de incentivadores. Além disso, a publicidade do namoro inibiu as possibilidades de qualquer homem de Vila Rica pensar em fazer a corte a Marília ou mesmo se tornar rival de Gonzaga.

Motivado pelos fãs que a máquina publicitária montada por Cláudio Manoel soube conquistar, Gonzaga decide formalizar o pedido de casamento.

Pressionados pela opinião pública, os tios e o capitão Mayrink resolveram consultar Marília e permitir que ela deliberasse sobre o assunto. Mediante a resposta positiva, Thereza e Catharina começam os preparativos para o casamento. Contrariadas com a união, as tias prorrogam o máximo que podem as providências de enxoval, noivado e outros preparativos.

    Entre a paixão por Gonzaga e a desilusão da família, Marília aceita a marcha lenta dos preparativos e decide marcar o casamento para meados de 1789 – três anos adiante, data que muito agrada à família, sabedora da força que tem o destino para mudar o rumo num período tão longo.

A noite de gala

Vila Rica, último sábado de junho de 1786, seis horas da noite. O Solar dos Ferrões recebe os preparativos finais para o banquete de noivado. Escravos enchem os grandes jarrões de porcelana chinesa com as mais variadas flores enquanto outros conferem a limpeza da prataria, alinhando com rigor os talheres na mesa.

No quarto, Marília se entrega às mãos treinadas da ama que alisa a anágua, põe-lhe o vestido branco de cambraia detalhado em espiguilha e abotoado por, pelo menos, oito botões de ouro. A arrumação do cabelo é seguida passo a passo pelos olhos amorosos das tias solteironas Thereza Mathilde Jesus Sotéria da Silva Ferrão e Catharina Leonor Sotéria da Silva Ferrão, que suspendem uma ou outra madeixa negra da noiva com presilhas cravadas de pedras raras.

Mal os candelabros da sala grande são acesos, o sino da porta anuncia o primeiro convidado. Em poucos minutos, pois não é educado se atrasar em festividades de gala, o Solar dos Ferrões está abarrotado com as mais célebres figuras da nobreza civil, militar e eclesiástica da Capitania das Minas Gerais.

Marília, apoiada no antebraço do pai, o capitão de cavalaria Balthazar João Mayrink, percorre o salão cumprimentando os convidados. Entre eles muitos nobres que num futuro próximo jogariam por terra o sonho nupcial do casal. O coronel Joaquim Silvério dos Reis e o padre Carlos Correa de Toledo trocam cumprimentos enquanto lançam olhares mais que admirados à jovem noiva.

Silvério dos Reis – o delator da inconfidência – desde que chegou a Vila Rica se entregou às atividades de comerciante e comprador de ouro, e enriqueceu viajando no eixo Vila Rica–Rio de Janeiro. Os contemporâneos não faziam bom juízo de seu caráter, tendo-o como homem orgulhoso e de mau coração. Apesar disso, obteve a patente de coronel do Regimento de Cavalaria Auxiliar de Minas Gerais.

O homem era um militar conhecido e reverenciado pelo pai da noiva e jamais ficaria fora da lista de convidados. Apesar de não gostar de Gonzaga, que tantas vezes o perseguiu com sentenças impostas contra os seus interesses, Silvério dos Reis nutria certa paixão por Marília, o que motivou seus olhares de viés para o poeta desde a primeira hora em que se conheceram, olhares agravados com as críticas recebidas nas *Cartas chilenas*.

O dizimeiro Queiroga, postado ao lado da loura Anselma que corroera o coração de Maria Dorothea de ciúmes, enfrenta os olhares de reprovação com ironia. Dizem que Anselma deu à luz o filho bastardo do governador Cunha Meneses, mas ainda usufrui de certa persuasão nos assuntos de governo, e Queiroga apreciava essa persuasão para seus interesses. O vigário Antônio Corrêa Mayrink e o alferes Theotonio José de Morais se derretiam diante da noiva que batizaram havia pouco mais de dezoito anos.

Enquanto o cravo soava com músicas de Scarlatti e Pergolesi, as mulheres abrandavam a inveja disputando quem descobrira em primeiríssima mão que a magra e inexpressiva Maria Dorothea era de fato a *Marília* das Liras declamadas pelas esquinas de Vila Rica. Marília nada tinha de inexpressiva. Pode-se afirmar que ela se situava bem acima das mulheres de sua época. Bordava como a maioria delas, mas sabia ler e escrever – instrução de poucas.

Anunciou-se a chegada do noivo Thomas Gonzaga, acompanhado de seus amigos Gregório Pires de Monteiro, João Rodrigues de Macedo, Inácio José de Alvarenga Peixoto e o padrinho encarregado de fazer o pedido oficial de casamento, Cláudio Manoel da Costa. Tais homens, além de outros intelectuais como os advogados José Álvares Maciel e seu cunhado, o coronel Francisco de Paula Freire de Andrade, o padre José da Silva de Oliveira Rolim e o cônego Luís Vieira da Silva formavam um grupo homogêneo em sentimentos e ideais, cada vez mais unidos. Integraram o que se pode chamar de "Confraria Intelectual de Vila Rica", agremiação que alguns estudiosos mistificam pertencer a membros ligados à maçonaria. Embora as sociedades maçônicas atuassem ativamente na Europa no início do século XVIII, ela só seria introduzida no Brasil em 1801, por José Bonifácio de Andrada e Silva, que possuía raízes com lojas maçônicas francesas.

Para disfarçar a diferença de idade que o separava de Marília, Gonzaga exagerou o conhecido gosto extravagante, trajando, além da casaca, um calção amarelo, com pescocinho de cambraia rendada, a gravata cor de flor de pessegueiro, tudo caseado a fio de prata. Meias de seda branca, sapatos de duraque com fivela de prata e à cinta pendente um espadim dourado. Realizado o pedido como os costumes exigiam, beijou o noivo as pontas dos dedos de Marília – máximo de intimidade em público que podia o poeta dedicar à noiva.

Após quatro longos anos desde a primeira vez que o pretendente a vira, foi finalmente aceito o pedido de noivado e ajustado o casamento entre as gentes da Casa Grande e o ouvidor e procurador dos defuntos e ausentes Thomas

Antonio Gonzaga. Muitas liras de desconsolo foram escritas antes desse dia, mas agora outras seriam inspiradas no afã de prever a união eterna:

> *Depois que nos ferir a mão da Morte,*
> *Ou seja neste monte, ou noutra serra,*
> *Nossos corpos terão, terão a sorte*
> *De consumir os dois a mesma terra.*
>
> *Na campa, rodeada de ciprestes,*
> *Lerão estas palavras os pastores:*
> *"Quem quiser ser feliz nos seus amores,*
> *Siga o exemplo que nos deram estes".*
> (*Marília de Dirceu* – 1ª Parte – Lira I)

Daí em diante tudo se definiria pela ordem natural dos acontecimentos. Gonzaga e Maria Dorothea – e por que não dizer Dirceu e Marília? – se casariam, teriam filhos (ou não), constituiriam família abastada a julgar pelas posses dos Ferrões e pela amizade estabelecida entre Gonzaga e o Reino de Portugal. Isso se a figura feminina do casal encarnasse o personagem da Arcádia e em Marília habitasse uma apologia poética de inocência, amores e felicidade bucólica. Mas a realidade fugiu ao diálogo hipotético e obrigou essa mulher, eternizada pelas Liras mais importantes do século XVIII, a vivenciar a personagem real Maria Dorothea e, como ela, assinar uma existência de perdas e sofrimentos.

E de perda Marília entendeu bastante, porque Gonzaga não fora a sua primeira, tampouco a última. Quanto ao padecimento, há de chegar a hora de ele ser desprezado, tamanha a sua insistente aparição, arrancando de sua vítima postura fria, alheia.

Talvez o sofrimento, agravado pelos movimentos populacionais dos séculos XVIII e XIX, quando a forte migração masculina para áreas fronteiriças gerava mulheres solitárias, obrigadas a buscar por conta própria meios de garantir sua sobrevivência e a de seus familiares e agregados, tenha transformado "...a formosura celeste de Marília" em austeridade e até sarcasmo, como escreveu sua prima e melhor amiga, Beatriz Francisca de Assis Brandão, pouco mais de um mês após o falecimento da musa (*in Marmota Fluminense*, n. 348, 15 mar. 1853):

> *Maria Dorothea era dotada de espírito vivo, e elegância natural; tinha bons ditos, respostas prontas e adequadas; lembranças felizes, que faziam apreciável sua conversação, sempre adubada desse sal ático (elegante, sóbrio), que também a fazia muitas vezes temível, quando propendia para o sarcasmo, que praticava com a maior graça e firmeza.*

Se soubessem os noivos ser aquela a única noite de gala dedicada ao amor de ambos, teria Gonzaga exagerado no vinho português trazido especialmente para a ocasião, assim como Marília beberia mais que duas batidinhas de limão feitas com a notável Moça Branca – a cachaça destilada no melhor tonel da Capitania.

O tempo passava entre poesia e passeios no jardim do solar, sem que Marília decidisse uma data final para o casamento que ela retardava ao máximo, influenciada pelos conselhos das tias.

Para ajudar a conter a ansiedade, Gonzaga noivava com sua Marília e se amancebava com a loura Anselma na escuridão da noite. Cuidados como esperar o último sino para colocar a amante dentro de casa e abrir-lhe, ele mesmo, a porta não foram suficientes para manter o relacionamento em segredo. Não havia discrição que vencesse a teia de mexericos das comadres, as notícias acabaram chegando aos ouvidos de Marília. Todavia, além de demonstrar aborrecimento, pouco poderia ela fazer, visto que Anselma propiciava ao homem do século XVIII a liberdade que ele não poderia ter com a noiva.

Um acontecimento veio tirar Marília da indecisão: a irmã Anna Ricarda marcara seu casamento com o tenente Valeriano Manso para 26 de novembro de 1788. Para não ser ultrapassada pela irmã mais nova, a musa resolveu estabelecer uma data.

Seguindo os padrões, os noivos com seus padrinhos, parentes, amigos seguiriam em cortejos separados. Terminada a celebração, todos deveriam seguir em procissão nas suas carruagens e cavalos ou cadeirinhas de arruar para o banquete nupcial servido no Solar dos Ferrões. Por fim, após a festa, Gonzaga e Marília passariam a noite no solar, lá permanecendo por uns poucos dias, e partiriam para a Bahia, onde ele iria tomar posse do novo cargo.

Acontece que um decreto de 26 de março de 1734, que proibia magistrados se casarem sem licença da realeza, adiou o casamento para maio de 1789, pois Gonzaga ainda não havia encaminhado o requerimento a Lisboa. O descuido do poeta fez com que o casamento de Anna Ricarda antecipasse o da irmã.

Para dar agilidade aos trâmites legais e evitar novos adiamentos, Gonzaga enviou o dito requerimento por meio de seu companheiro de residência, e outro por meio do capitão Francisco de Araújo Pereira. Um desses documentos encontra-se no Arquivo Histórico Colonial de Lisboa:

Senhora,

Diz o doutor Thomas Antonio Gonzaga, ouvidor de Vila Rica, que ele pretende casar com D. Maria Dorothea, filha legítima do Capitão de cavalos João Balthazar Mayrink da mesma vila. Parece, Senhora, que o Sup.e já nem careceria desta Licença, por ser a proibição, que há para não se casarem os Ministros só expressa para os casamentos feitos em Lugares das suas jurisdições, o que não se verifica no Sup.e, que já se acha desembargador da Bahia, e em sua capitania tão distante. Contudo, quer o Sup.e mostrar a justa veneração que tem às sagradas ordens de Vossa Majestade e por isso P. a V.Maj.e seja servida pela Real Grandeza, conceder-lhe Licença para o referido casamento.

O envio em duplicidade demonstra a pressa de Gonzaga em se casar com Marília, mas também a necessidade de justificar a sua presença em Vila Rica, pois o ouvidor já havia cumprido o seu mandato e sido nomeado desembargador da Relação da Bahia. Mediante a transferência, o sucessor de Gonzaga, Pedro José de Araújo Saldanha, mudara-se para a casa da ouvidoria, restando ao poeta hospedar-se na casa de Manoel José da Costa Mourão, intendente do ouro de Vila Rica.

Gonzaga aguardava a licença régia entretido a bordar o vestido nupcial da noiva como declarara em seu segundo depoimento da devassa. Mas nem só agulha e linha compunham os dias do poeta. Horas obscuras permearam os seus últimos dias em Vila Rica, horas estas povoadas de pensamentos libertários e reuniões secretas.

CAPÍTULO III

As trapaças da sorte

Reuniões e planos

Quando se soube, nos fins de 1786, que o Visconde de Barbacena vinha administrar a Capitania, Gonzaga ficou satisfeito. Era um homem culto, amigo que se tornou próximo dele em Beja – quando o poeta exercia o cargo de Juiz de Fora, em Portugal – e decerto viria remediar os males provocados pela tirania do seu antecessor. O ouvidor rememoraria os tempos de Portugal, em que mantivera relações amigáveis com o governador.

Se as coisas corressem normalmente, o Visconde de Barbacena deveria estar em Vila Rica nos fins daquele ano. Sobrevieram, porém, doenças na família, de modo que só pôde chegar à cidade em julho de 1788, dois anos depois da nomeação.

A esposa do Visconde passara mal durante a viagem, e o marido resolveu morar em Cachoeira do Campo, lugar mais salubre. A 11 de julho, Cunha Meneses empossava o novo governador. Em carta que expediu para Lisboa comunicava o fato ao ministro Martinho de Melo e Castro e assegurava-lhe que inteirara o seu sucessor das questões da Capitania. Mas o Visconde de Barbacena quase não precisava disso. Trazia de Portugal uma relação minuciosa da situação de Minas, escrita pelo próprio Martinho, com instruções para o seu governo e indicações sobre o caráter e as atitudes dos principais personagens da capitania. Nessa relação Gonzaga era especialmente visado pelo secretário de Estado, por considerá-lo um magistrado corrompido, interessado mais nas vantagens financeiras que obtinha do que na imparcial administração da justiça. Entretanto, a advertência hostil trazida de Lisboa não abalou a antiga amizade entre o Visconde e o Ouvidor.

Embora se esperasse que a presença do novo governador trouxesse o apaziguamento, a população de Vila Rica entrou novamente em alvoroço e agora de uma maneira que prometia dar o que falar. Sabia-se que o Visconde de Barbacena trazia instruções de Lisboa para cobrar o quinto do ouro, que andava atrasado por causa das dificuldades crescentes da mineração e da intensa má vontade do povo. A perspectiva de uma derrama imposta para a cobrança das anuidades em atraso aterrava os mineiros, pois tal medida significaria a ruína das famílias. Bastava a cobrança forçada do déficit de um ano, para provocar um descalabro econômico, quanto mais o atraso total da dívida... um pavor!

Os homens mais em evidência, intelectuais, sacerdotes e militares, motivados pelas mudanças na América do Norte, começaram a se agrupar e a protestar contra a cobrança.

Ideias de liberdade varriam a Europa e o mundo. A independência dos Estados Unidos, reconhecida pela Grã-Bretanha em 1783, constituiu a primeira derrota irreversível do sistema colonial nas Américas. O Iluminismo e as correntes novas representadas pelos fisiocratas e economistas clássicos, apesar de assumirem feição conservadora no Brasil, penetravam os pensamentos mineiros. Em tal contexto, uma eventual independência da América portuguesa tornava-se algo que podia ser imaginado, sendo objeto de cogitação nos círculos de Vila Rica.

Os protestos contra a prepotência aconteciam em surdina. Havia os que visavam apenas o perdão das dívidas pessoais, não endossavam e tampouco se contrapunham à independência. Um apenas, imbuído da ideia republicana de autonomia, conspirava pelas vielas num trabalho febril de aliciamento: era o alferes Joaquim José da Silva Xavier – o Tiradentes. Havia os que ambicionavam a liberdade, mas sabiam que, para alcançá-la, teriam de traçar um plano amadurecido e obter a adesão do povo. Cláudio Manoel pertencia a esse grupo e logo envolveu os amigos.

As reuniões para o preparo da Conjuração realizaram-se entre 25 de dezembro de 1788 e 6 de janeiro de 1789, na residência do tenente-coronel Francisco de Paula Freire de Andrade, e delas participou Tiradentes, que detinha o conhecimento direto dos problemas e das queixas dos mineiros de todas as camadas sociais. Estiveram presentes também o padre Carlos Corrêa de Toledo e Mello, Ignácio José de Alvarenga Peixoto, José Álvares Maciel e o dono da casa, que, com isso, manifestava eloquentemente sua participação no movimento revolucionário. Como interpretar de outro modo o fato de o coronel-comandante das Forças da Capital permitir que, em sua residência e em sua presença, se reunissem os defensores da Conjuração? Thomas Gonzaga, apesar de não ser um membro assíduo, participou de algumas reuniões e ainda contribuía com os planos nas conversas em casa de Cláudio Manoel.

Francisco de Paula Freire de Andrade era casado com a irmã de José Álvares Maciel, Isabel Carolina de Oliveira Maciel, com quem teve os filhos Maria, Luiza, Francisca e Gomes. A união fez do coronel homem rico, proprietário de bens de valor e de um palacete na rua Direita. Conheceu os planos iniciais e, a princípio, não os aceitou nem os repeliu. Contudo, ante a insistência do cunhado, filiou-se ao movimento e aceitou que as reuniões se realizassem em sua chácara, no Morro do Cruzeiro. Sua adesão ao movimento encorajou os conspiradores, que sabiam ser-lhes impossível qualquer êxito se não contassem com os homens e as armas do regimento de Freire Andrade.

Pela posição que ocupava, deveria ser o chefe militar da conspiração e tomar esse lugar após Joaquim José da Silva Xavier, conhecido pela alcunha de "Tiradentes" iniciar as primeiras agitações, que consistiriam em o alferes sair gritando pelas ruas "Viva a liberdade". Embora negasse tal chefia em seus depoimentos perante os devassadores do Rio de Janeiro, Francisco de Paula não pôde impedir que a verdade viesse à tona.

O padre Carlos Corrêa de Toledo e Mello veio de uma família de sacerdotes: onde até o seu pai, logo após o falecimento da esposa, entrou para a Igreja; tinha um irmão reitor do seminário de São José, no Rio de Janeiro, e o outro, professor no aludido seminário. Conhecido em São João del Rei pelo talento de persuadir os interlocutores, era hóspede certo na residência de Thomas, quando visitava Vila Rica.

Ligou-se à Conjuração, atendendo a convite do antecessor na paróquia, o cônego Luiz Vieira da Silva. Participou ativamente das reuniões, e partiu dele a sugestão de serem eliminados os estrangeiros existentes na Capitania. Sua missão era armar 100 homens e dominar sua paróquia em São João del Rei.

Vila Rica foi o berço de José Álvares de Maciel – o mais jovem e ativo conjurado. Bacharel na faculdade de Filosofia, título que correspondia a estudos de Aritmética, Geometria, Filosofia Racional e Moral, História Natural, Física e Química, Maciel falava com facilidade e, vitoriosa a Conjuração, ele teria ocupado cargos de projeção no governo que se formasse.

Viveu grande parte fora de sua terra natal: estudou na Inglaterra e na França, retornou ao Brasil na metade de 1788 e, sem perda de tempo, se pôs a pregar a Revolução. Em Vila Rica, encontrou ambiente próprio para falar a respeito da liberdade com notáveis figuras da sociedade e, com o entusiasmo dos 28 anos, estabeleceu as primeiras ligações entre os conspiradores. Após a vitória, seria o dirigente da siderurgia mineira, pois as reservas de ferro se revelavam inesgotáveis.

Por ter se hospedado com o Visconde de Barbacena na época em que este se encontrava em Cachoeira do Campo, Maciel foi tido como espião das atividades do governador – tese aceita por Martinho de Mello e Castro em sua carta de 29 de setembro de 1790, em que analisa a devassa e censura o Visconde: "[...] e o último sócio, e ao mesmo tempo pérfido espião dos Conjurados, com assistência na própria casa de VSa".

Os revoltosos planejavam em termos de presente e de futuro, no terreno político, na esfera militar, no setor econômico e até na industrialização progressiva e adaptada ao aproveitamento da matéria-prima local.

Ignácio José de Alvarenga Peixoto, além de possuir consideráveis recursos financeiros, se incumbiu de preparar um grupo de combatentes para defender o território mineiro, caso fosse atacado pelos militares portugueses sediados em São Paulo. Foi dele a proposta de se adotar, na bandeira da futura república, o dístico *"Libertas quae sera tamen"* (Liberdade, ainda que tardia), de um verso do poeta latino Virgílio. O apelido de "Princesa do Brasil", dado à sua filha Maria Ifigênia, custou a Alvarenga Peixoto, no curso da devassa, mais dissabores que as sugestões revolucionárias.

As ocupações particulares de Cláudio Manoel não o impediram de desempenhar cargos nas administrações desde Gomes Freire de Andrade ao Conde de Valadares, só abandonando a colaboração com o governo de Cunha Meneses, quando este o dispensou abruptamente. Esses cargos lhe permitiram conhecer os segredos e as particularidades do governo, inclusive as prevaricações dos governantes.

A essa altura da vida, Cláudio Manoel, já quase sexagenário, afastado do governo e pressionado pela política do quinto do ouro, se tornara opositor não só dos chefes do governo da Capitania, como também do próprio domínio luso, a cuja política atribuía a responsabilidade pelo caos em que se encontrava Vila Rica. Indignado, não lhe foi difícil participar de um movimento revolucionário favorável à implantação da república.

Além de haver cedido sua casa para alguns conjurados planejarem o movimento, em especial o padre Carlos de Toledo e Ignácio José de Alvarenga Peixoto, sua cultura e experiência administrativa o indicaram como responsável pela redação das futuras leis do país emancipado.

Documentos da devassa que foram colhidos sobre o grande estresse dos interrogatórios se referem ao que ficou apurado quanto aos chamados conventículos, nos quais se diz que uma constituição legislaria sobre o novo sistema assim que o "dia do batizado" (senha para assinalar o início do levante) tivesse sucesso. Os encarregados de escrever o projeto da nova lei constituinte eram Thomas Gonzaga, cônego Luiz Vieira e Cláudio Manoel.

Quanto a Gonzaga... qual o seu real papel na conspiração mineira? Dos depoimentos e das suas confissões, nota-se que a sua participação foi mínima, se é que realmente chegou a ocorrer. Não é provável que às vésperas de seu casamento ele se aventurasse num levante contra o domínio português. O fato é que amigos do ouvidor contavam com sua ciência jurídica para escrever a legislação da nova república. Além disso, os conjurados se empenharam para que fosse imposta a derrama, pois ela era o pretexto para o levante, e o ouvidor seria primordial para o intento.

Certa noite, jantando em casa de Cláudio Manoel, falou-se na derrama, objeto de todas as conversas e da angústia geral. Gonzaga aconselhou o procurador da Coroa e da Fazenda, Pires Bandeira, a requerer a derrama por todos os anos em atraso, para que se inviabilizasse o pagamento. Ele viu nisso um meio de lançar sobre o governo o ódio geral e fomentar a agitação.

O poeta aguardava para ver no que dariam as coisas. Hábil como era, se fosse envolvido na Conjuração diria estar em Vila Rica a tratar do casamento. Assim, num jogo de duplicidade, Gonzaga apoiava os amigos no movimento e conservava um álibi que julgava infalível. É que ele se encontrava numa posição delicada. Tudo em si clamava pela defesa dos mineiros contra uma situação que ele considerava injusta. Os seus desentendimentos com Cunha Meneses e Martinho de Melo e Castro criaram nele surda revolta contra os dirigentes de Portugal. Por fim, pensava que a vitória do levante o colocaria em alto cargo da nova república que se projetava.

Gonzaga tinha inimigos, e o seu jogo não deixava de ser perigoso. Pertencia também à conjura Joaquim Silvério dos Reis. Entrara na conspiração para ver anuladas as suas dívidas para com a Fazenda; mas, quando viu que a Conjuração tinha muitas chances de não ser bem-sucedida, resolveu mudar de lado.

A caça às bruxas

O padre Carlos Corrêa, conhecendo os apuros financeiros de Joaquim Silvério dos Reis, acenou-lhe com o perdão da elevada soma devida à Fazenda, tentando com isso conquistar a adesão do coronel ao movimento.

Simulando amizade aos conjurados, Silvério dos Reis obteve confidências importantes e reuniu elementos para negociar com o governador o perdão da sua dívida, pois não acreditava na viabilidade dos planos revolucionários. Tão logo se inteirou dos planos dos conjurados, tratou de transmiti-las, por escrito, ao Visconde de Barbacena.

Meu Senhor:

Pela forçosa obrigação que tenho de ser leal vassalo à nossa Augusta Soberana, ainda apesar de se me tirar a vida, como logo se me protestou na ocasião em que fui convidado para a sublevação que se intenta, prontamente passei a pôr na presença de V. Exa. o seguinte: – Em o mês de fevereiro deste presente ano; vindo da revista do meu Regimento, encontrei no arraial da Laje o Sargento-Mor Luís Vaz de Toledo; e falando-me em que se botavam abaixo os novos Regimentos, porque V. Exa. assim o havia dito, é verdade que eu me mostrei sentido e queixei-me ao sargento-mor: me tinha enganado, porque em nome da dita Senhora se me havia dado uma patente de coronel, chefe do meu Regimento, com o qual me tinha desvelado em o regular e fardar, e muita parte à minha custa e que não podia levar à paciência ver reduzido à inação o fruto do meu desvelo, sem que eu tivesse faltas do real serviço; e juntando mais algumas palavras em desafogo da minha paixão. Foi Deus servido que isso acontecesse para se conhecer a falsidade que se fulmina

No mesmo dia viemos dormir à casa do Capitão José de Resende; e chamando-me a um quarto particular, de noite, o dito Sargento-Mor Luís Vaz, pensando que o meu ânimo estava disposto para seguir a nova conjuração pelos sentimentos e queixas que me tinha ouvido, passou o dito sargento-mor a participar-me, debaixo de todo o segredo, o seguinte:

Que o Desembargador Tomás Antônio Gonzaga, primeiro cabeça da conjuração, havia acabado o lugar de ouvidor dessa Comarca, e que, isto posto, se achava há muitos meses nesta vila, sem se recolher a seu lugar da Bahia, com o frívolo pretexto de um casamento, que tudo é ideia porque já se achava fabricando leis para o novo regime da sublevação que se tinha disposto da forma seguinte: Procurou o dito Gonzaga o partido e união do Coronel Inácio José de Alvarenga e do Padre José da Silva e Oliveira, e outros mais, todos filhos da América, valendo-se para seduzir a outros do Alferes (pago) Joaquim José da Silva Xavier; e que o dito Gonzaga havia disposto da forma seguinte: que o dito Coronel Alvarenga havia mandar 200 homens pés-rapados da Campanha, paragem onde mora o dito Coronel; e outros 200, o dito Padre José da Silva; e que haviam de acompanhar a estes vários sujeitos, que já passam de 60, dos principais destas Minas; e que estes pés-rapados, haviam de vir armados de espingardas e facões, e que não haviam de vir juntos para não causar desconfiança; e que estivessem dispersos, porém perto da Vila Rica, e prontos à primeira voz; e que a senha para o assalto havia ser cartas dizendo tal dia é o batizado; e que podiam ir seguros porque o comandante da Tropa Paga, tenente-coronel Francisco de Paula, estava pela parte do levante e mais alguns oficiais, ainda que o mesmo sargento-mor me disse que o dito Gonzaga e seus parciais estavam desgostosos pela frouxidão que encontravam no dito comandante e que, por essa causa, se não tinha concluído o dito levante.

E que a primeira cabeça que se havia de cortar era a de V. Exa. e depois, pegando-lhe pelos cabelos, se havia de fazer uma fala ao povo que já estava escrita pelo Gonzaga; e para sossegar o dito povo se havia levantar os tributos; e que logo passaria a cortar a cabeça do Ouvidor dessa vila, Pedro José de Araújo, e ao Escrivão da Junta, Carlos José da Silva, e ao Ajudante-de-Ordens Antônio Xavier; porque estes haviam seguir o partido de V. Exa. e que, como o Intendente era amigo dele, dito Gonzaga, haviam ver se o reduziam a segui-los; quando duvidasse, também se lhe cortaria a cabeça.

Para este intento me convidaram e se me pediu mandasse vir alguns barris de pólvora, o que outros já tinham mandado vir; e que procuravam o meu partido por saberem que eu devia a Sua Majestade quantia avultada; e que esta logo me seria perdoada; e que, como eu tinha muitas fazendas e 200 e tantos escravos, me seguravam fazer um dos grandes; e o dito sargento-mor me declarou vários entrados neste levante; e que se eu descobrisse, se me havia tirar a vida como já tinham feito a certo sujeito da Comarca de Sabará. Passados poucos dias fui à Vila de São José, aonde o vigário da mesma, Carlos Correia, me fez certo quanto o dito sargento-mor me havia contado; e disse-me mais: que era tão certo que estando o dito pronto para seguir para Portugal, para o que já havia feito demissão da sua igreja a seu irmão, o dito Gonzaga lhe embaraçara a jornada fazendo-lhe certo que com brevidade cá o poderiam fazer feliz, e que por este motivo suspendera a viagem.

Disse-me o dito Vigário que vira já parte das novas leis fabricadas pelo dito Gonzaga e que tudo lhe agradava menos a determinação de matarem a V. Exa. e que ele, dito Vigário, dera o parecer ao dito Gonzaga que mandasse antes a V. Exa. botá-lo do Paraibuna abaixo e mais a Senhora Viscondessa e seus meninos, porque V. Exa. em nada era culpado e que se compadecia do desamparo em que ficavam a dita senhora e seus filhos com a falta de seu pai; ao que lhe respondeu o dito Gonzaga que era a primeira cabeça que se havia de cortar porque o bem comum prevalece ao particular e que os povos que estivessem neutros, logo que vissem o seu General morto, se uniriam ao seu partido.

Fez-me certo este Vigário, que, para esta conjuração, trabalhava fortemente o dito Alferes Pago Joaquim José, e que já naquela comarca tinha unido ao seu partido um grande séquito; e que cedo havia partir para a capital do Rio de Janeiro a dispor alguns sujeitos, pois o seu intento era também cortar a cabeça do Senhor Vice-Rei; e que já na dita cidade tinham bastante parciais.

Meu senhor, eu encontrei o dito Alferes, em dias de março, em marcha para aquela cidade, e pelas palavras que me disse me fez certo o seu intento e do ânimo que levava; e consta-me, por alguns da parcialidade, que o dito Alferes se acha trabalhando este particular e que a demora desta conjuração era enquanto se não publicava a derrama; porém que, quanto tardasse, sempre se faria.

Ponho todos estes tão importantes particulares na presença de V. Exa. pela obrigação que tenho de fidelidade, não porque o meu instinto nem vontade sejam de ver a ruína de pessoa alguma, o que espero em Deus que, com o bom discurso de V. Exa., há de acautelar tudo e dar as providências sem perdição de vassalos. O prêmio que peço tão somente a V. Exa., é o rogar-lhe que, pelo amor de Deus, se não perca a ninguém.

Meu senhor, mais algumas coisas tenho colhido e vou continuando na mesma diligência, o que tudo farei ver a V. Exa. quando me determinar. Que o céu ajude e ampare a V. Exa. para o bom êxito de tudo. Beijo os pés de V. Exa., o seu mais humilde súdito.

Joaquim Silvério dos Reis,
Coronel de Cavalaria dos Campos Gerais.
Borda do Campo, 11 de abril de 1789.

Oficializada a delação, coube a Silvério dos Reis espreitar os conjurados. A começar por Tiradentes, por suspeitar o Visconde de ser ele o líder da conspiração. Silvério partiu para o Rio de Janeiro para cumprir à risca as ordens superiores.

Conhecedor do caráter do delator, o Vice-Rei duvidava da veracidade da denúncia. Era, realmente, de suspeitar de quem se dizia amigo de Tiradentes, mas o espionava de maneira vil. Perspicaz, o Visconde passou a trabalhar no sentido da contrarrevolução, tomando uma série de medidas em Minas e no Rio de Janeiro.

No Rio de Janeiro, o alferes de nada suspeitava quanto às medidas postas em prática pelas autoridades. Desde sua chegada, vindo de Minas pelo Caminho Novo, que ele tantas vezes patrulhara, foi residir numa casa alugada, na rua de São Pedro. Visitava conhecidos a fim de articulá-los para estender a revolução de Minas, mas não encontrava na cidade clima favorável à Conjuração.

Os cariocas não padeciam dos problemas resultantes da mineração em decadência, nem dos quintos que Portugal reclamava e a Inglaterra confiscava como preço de juros e amortização de empréstimos. A zombaria de que o alferes foi vítima ao entrar na Casa da Ópera traduz o ânimo jocoso dos cariocas de então. Tão logo entrou, a plateia ensaiou um sapateado como fundo musical para as ofensas gritadas nos quatro cantos do teatro, tais como "louco", "traidor".

Tiradentes foi avisado pelo porta-estandarte Francisco Xavier Machado de que estava sendo espionado. Terrível foi o impacto para o alferes, que não se esquecera das histórias ouvidas sobre o enforcamento de Felipe dos Santos Freire em 1720, por ter se levantado contra a política do Conde de Assumar.

Decidiu contemporizar com o Vice-Rei. Mal deixou o palácio de D. Luiz de Vasconcelos, encontrou-se com Silvério dos Reis, e este lhe revelou que a causa da Conjuração estava perdida. Mediante as informações, Tiradentes procurou se esconder.

Colérico com a fuga, o Visconde de Barbacena deu ordens que se fizessem quantas prisões fossem necessárias para que se encontrasse o "motor da sublevação". Não se tardou a localizar Tiradentes no sótão do ourives Domingos Fernandes da Cruz.

Enquanto isso, em Vila Rica as autoridades procediam aos últimos preparativos para a prisão dos indiciados na Capitania. Também cuidavam do sequestro provisório dos bens dos envolvidos na trama de lesa-majestade. Tal medida judicial, tão usada pela justiça colonial, desamparava famílias inteiras que perdiam o chefe e os meios de subsistência.

Começava para os conjurados o terrível drama do processo da Inconfidência, agravado pelos rigores do confinamento, dos interrogatórios e das acareações, e pela impossibilidade de arrolarem e ouvirem testemunhas de defesa.

Informado da caça aos traidores da Coroa, o padre Carlos Corrêa, num primeiro momento, quis reagir, mas acabou decidindo se suicidar em sua fazenda no Arraial da Laje. Todavia, no caminho foi preso pela escolta do tenente Antônio José Dias Coelho. Foi conduzido para a prisão na Ilha das Cobras juntamente com Ignácio José de Alvarenga.

Interrogaram-no sete vezes, entre 14 de novembro de 1789 e 7 de setembro de 1791. Depois de negar sua filiação ao movimento, passou a depor a verdade, assumindo a responsabilidade de seus atos. Como era de esperar, a sentença secreta de 19 de abril de 1789, na parte reservada aos eclesiásticos, condenou-o à morte.

Padre Carlos foi levado à fortaleza de São Julião da Barra, em Lisboa, onde esteve confinado por quatro anos. D. Maria I comutou-lhe a pena na de degredo. Faleceu na capital portuguesa, em 1803, para onde seguira onze anos antes na fragata *Golphinho*.

Tão logo soube da caça às bruxas, Ignácio José de Alvarenga pensou em delatar tudo ao Visconde de Barbacena para se livrar da prisão, tamanha a depressão nervosa que o acometeu. Nesse desespero, dramatizado por uns e menosprezado por outros, a esposa o convenceu a não denunciar seus companheiros.

Foi preso no fim de maio, em São João del Rei, sem direito de patente. Imediatamente após sua captura iniciou a longa viagem de que não mais voltaria. É que as autoridades temiam que a fortuna de Alvarenga lhe comprasse a liberdade e a fuga.

Na Ilha das Cobras sofreu dois interrogatórios, além de acareações. Tentou argumentar que havia sido o inspirador da delação do movimento, mas isso só depôs contra sua pessoa – a fraqueza de Ignácio foi a sua marca inseparável na devassa. O resultado foi a condenação à morte na forca, além de ter a cabeça cortada e espetada em poste, o que o levou ao desespero, arrastando para a destruição os companheiros.

Sua pena também foi comutada em degredo, mas pouco tempo de vida desfrutou em Angola, onde faleceu vítima de febre. Seus restos regressaram ao Brasil em 1936 e estão guardados no Museu da Inconfidência, em Ouro Preto, trazidos pelo historiador mineiro Augusto de Lima Junior.

Tempos depois do sequestro dos bens, Bárbara Eliodora, argumentando ser meeira desses bens, conseguiu reaver o que lhe tocava e com os recursos criar os três filhos: José Eleutério, João Damasceno e Tristão. A filha Maria Ifigênia morrera aos quinze anos. Administrou-os até 1812, quando a interditaram, e na miséria viveu até sua morte em 1819, por tuberculose.

Pensando salvar o pescoço, o coronel Francisco de Paula Freire de Andrade declarou ao Visconde de Barbacena, em correspondência datada de 17 de maio de 1789, que sua participação no movimento revolucionário se reduzia a ter permitido reuniões em sua casa. Ato inútil, porque o fato de condescender com as reuniões bastava para envolvê-lo no crime de lesa-majestade.

Foi preso no início de setembro. É que, antes disso, sua prisão poderia abalar a Capitania e provocar alguma reação contra o Visconde. Ficou detido na Ilha das Cobras e sofreu cinco interrogatórios e diversas acareações. Freire de Andrade padeceu dos mais severos interrogatórios realizados, por manter firme o compromisso de inocentar Thomas Gonzaga e o cônego Luiz Vieira da Silva, negando fossem eles conjurados.

Recebeu a sentença de pena de morte por enforcamento e de ter a cabeça cortada e colocada em poste, à frente de sua residência, mas em seu favor trabalharam parentes de prestígio no governo e conseguiram comutar a pena na de degredo para Pedras de Angoche – o mais temido território angolano.

Gonzaga partiu para a África a bordo da corveta *Santa Rita*. Ali conseguiu sobreviver graças aos auxílios enviados pela família e a uma função pública dada a ele pelo governo local. Tal função pública demonstrava certo respeito de Portugal, que degredava seus súditos e, no entanto, não os privava do direito de terem um meio de subsistência.

Portugal cuidava para que os condenados não se tornassem um peso para a comunidade e um problema para as autoridades locais. Aplicava-lhes a proscrição política, sem que ela implicasse a proscrição do direito de desempenhar tarefas na esfera pública.

Em 1809, foi sepultado em São Paulo de Luanda, na capela de Nossa Senhora da Conceição. Suas cinzas foram exumadas em 1936 e pelo navio *Bagé* vieram para o Brasil e estão depositadas no Museu da Inconfidência, em Ouro Preto.

José Álvares Maciel foi interrogado nos dias 8 e 9 de outubro e enviado em seguida a uma das prisões da Fortaleza da Ilha de Villegaignon, no Rio de Janeiro. No primeiro interrogatório, lançou a culpa da Conjuração em Tiradentes, que, segundo ele, tomara a iniciativa de falar-lhe sobre o assunto, no Rio de Janeiro, e depois em Vila Rica, numa reunião em casa de Freire de Andrade. Só voltou a ser interrogado quase dois anos depois, em 6 de julho de 1791. Nesse depoimento retificou passagens do anterior e esclareceu que chegou a pensar em denunciar o movimento revolucionário, quando esteve em Cachoeira do Campo com o governador. Apesar de haver tentado se eximir da culpa, delatando Tiradentes, Maciel sofreu duramente na prisão.

Pela primeira sentença da Alçada, mereceu a pena de enforcamento, seguida do corte da cabeça e da colocação desta em poste à frente da sua residência. Recebeu com serenidade a decisão dos juízes, comutada, no dia seguinte, para a pena de degredo. Partiu para Angola na primeira leva de condenados.

Sem meios de subsistência, passou a vender fazendas que os negociantes lhe confiavam. Deram-lhe depois a missão de construir fornos para fundição de ferro, na província de Ilamba.

Maciel faleceu em 1803, com apenas 43 anos de idade, vítima de escorbuto. Sepultaram-lhe os restos na igreja de Masangano, de onde também foi exumado em 1936 e levado para o Museu da Inconfidência.

Na madrugada de 23 de maio, a janela da casa de Manoel José da Costa Mourão, em Vila Rica, onde Gonzaga se hospedava aguardando a partida para a Bahia, é arrombada e por ela os soldados liderados pelo tenente-coronel Francisco Antônio Rabello entram para executar a prisão do poeta.

Faltando pouco mais de uma semana para o casamento com Marília e proibido pelos guardas de tocar em qualquer objeto ou papéis, Gonzaga é escoltado em direção ao Rio de Janeiro para a temida prisão conhecida como Ilha das Cobras, junto com outros prisioneiros. Mal teve tempo para jogar o capote cor de vinho nas costas e desapareceu na névoa fria que embaçara de vez os planos do poeta.

Em vão tentou obter o amparo do Visconde de Barbacena. Nem seus humilhantes versos conseguiram sensibilizar o governador:

Tu vences, Barbacena, aos mesmos Titos,
Nas sãs virtudes, que em teu peito abrigas.
Não honras tão somente a quem premeias,
Honras a quem castigas!
(*Marília de Dirceu* – 2ª Parte – Lira XXIII)

O sequestro dos bens de Gonzaga, registrado nos autos da devassa, relaciona, no mesmo dia da prisão, inúmeras becas, camisas com babados, casacas, fraques, evidenciando seu gosto apurado. Entre dinheiro, prataria e livros, foi confiscado um dedal de ouro – peça que comprova um dos depoimentos do poeta, em que alega ser sua ocupação principal naqueles dias em Vila Rica, quando já havia deixado o cargo de ouvidor, a de bordar as vestes da noiva para o casamento, como era costume da época.

Ao se observar os bens embargados de Gonzaga, nota-se que nenhum vestido feminino se encontrava nos bens relacionados. Esse detalhe mostra que o vestido declarado nos autos da devassa seria um traje masculino, ou que o depoente cometera falso testemunho. O que nos leva a pensar: se Gonzaga não estivesse envolvido na Inconfidência, nada teria a esconder.

É notável a habilidade com que Gonzaga se conduziu nos interrogatórios. Sem acusar ninguém, negou sua participação no movimento, alegando as seguintes razões: era português; tinha bens em Portugal e os perderia caso a revolução se concluísse; estava nomeado desembargador na Bahia e não arriscaria o cargo; não lutaria contra militares parentes de sua futura esposa. Não convenceu.

Entre um interrogatório e outro, o poeta registrava nas paredes da cela os seus sofrimentos. Mesmo tombado sob o clima lúgubre do cubículo, cercado de pedras, insetos e as mais insalubres condições, a altivez da aristocracia, assimilada em anos, o ajudou a convencer um guarda a levar-lhe papel para escrever suas liras a Marília.

[...]
Se me visses com teus olhos
Nesta masmorra metido,
De mil ideias funestas

E cuidados combatido:
Qual seria, ó minha Bela,
Qual seria o teu pesar?
[...]
Vem o forçado a acender-me
A velha, suja candeia;
Fica, Marília, a masmorra
Inda mais triste e mais feia.
Nem mais canto, nem mais posso
Uma só palavra dar.
(*Marília de Dirceu* - 2ª Parte - Lira XX)

    Tendo ou não exercido papel efetivo na Conjuração, Gonzaga foi envolvido de maneira irremediável. Primeiro foi o padre Carlos Corrêa de Toledo que afirmou a cooperação do ouvidor; em seguida, o próprio Tiradentes mencionava seu nome no intuito de valorizar o movimento. Cláudio, em seu depoimento de 2 de julho, esclareceu até que Gonzaga não apreciava Tiradentes e recusava recebê-lo em casa, porque o temia "pelo seu fanatismo", e se refere a ele como "pobre, sem respeito e louco" (lira XXXVIII, 2ª parte) – embora no depoimento de 18 de janeiro, Tiradentes tenha sido generoso para com o poeta ao reconhecer-lhe a integridade moral: "[...] todos o aclamavam por bom Ministro, e ele mesmo respondente assim o diz".

    Para incriminá-lo de uma vez por todas, o seu mais vingativo inimigo, Silvério dos Reis, reservou-lhe na carta-denúncia insinuações macabras. Solteiro, Silvério dos Reis cortejava Marília antes de Gonzaga conhecê-la. E para o Coronel, senhor de ótima posição social, reverenciado pelo capitão Mayrink e no auge da juventude, era inadmissível perder Marília para "um ouvidorzinho quarentão, de caráter duvidoso e com as finanças desordenadas" – pensaria Silvério enquanto redigia a denúncia endereçada ao Visconde de Barbacena.

Admite-se que a delação tenha sido feita em troca do perdão de dívidas. Já a acusação contra Thomas Gonzaga, em especial, teve um tom de vingança pessoal de Silvério dos Reis, por ter sido o coronel tantas vezes perseguido pelo ouvidor com sentenças impostas contra os seus interesses, e por não haver conquistado o amor de Marília.

Cláudio Manoel foi preso também na madrugada de 23 de maio de 1789. Antes de ser detido, na noite de 18 de maio uma pessoa cujo nome permanece misterioso foi avisá-lo para que incinerasse quaisquer papéis comprometedores. O mensageiro ficou conhecido como "O Embuçado" (o oculto). Deve-se a isso não terem sido encontradas com Cláudio as leis já elaboradas para a república. Alguns historiadores afirmam que tal pessoa tinha saído de Cachoeira do Campo, uma das residências do Visconde de Barbacena.

Foi mantido incomunicável num cubículo do edifício que pertencia a João Rodrigues de Macedo, contratador dos Direitos de Entradas e Dízimos. Nem a família teve permissão de vê-lo.

No interrogatório Cláudio Manoel procurou inocentar-se, falou em reuniões de conspiradores na casa de Gonzaga, menosprezou Tiradentes; enfim, comprometeu seus amigos, depondo sem a altivez ou a habilidade que seriam de esperar num advogado experimentado. Cláudio se tornou a personificação do medo e desmoronou-se.

Na manhã do dia 4 de julho, foi encontrado morto em sua cela, morte que as autoridades atribuíram a suicídio. Tal versão é repelida por diversos estudiosos que preferem falar em homicídio contra Cláudio. Tese respeitável, ao se considerar que o intelectual era tido como acusador do Visconde de Barbacena. Sem contar o desaparecimento de sua riqueza após sua prisão e morte. O filho de um dos conjurados, em 1835, afirmou na tribuna do parlamento nacional que Cláudio "fora assassinado a mando do Visconde de Barbacena" – pronunciamento que vai de encontro à carta do Visconde, endereçada ao ministro Martinho de Mello e Castro. "Sucedeu achar-se morto na prisão, tendo-se enforcado com as ligas das meias em sua prateleira, que havia num pequeno vão ou armário da casa" (JOSÉ, 1974, p. 98).

De todos os conjurados, o que mais sofreu e não teve sua pena comutada foi Joaquim José da Silva Xavier – o Tiradentes. No início da tarde do dia 21 de abril, retirado da forca, o seu corpo foi entregue a soldados tidos como hábeis na arte de esquartejar. Dividiram o cadáver de acordo com o decidido na sentença, as partes foram colocadas em sacos de couro com suficiente quantidade de sal. Foram chamados tropeiros a fim de fazer o transporte das peças para o sítio das Cebolas e para Minas.

A viagem durou cerca de 20 dias, o dobro do tempo normal, pois eles tinham que providenciar a entrega dos restos ao longo do caminho para serem expostos. O sítio foi o primeiro local a receber um quarto do corpo de Tiradentes e a pendurá-lo no alto do poste; o segundo quarto foi levantado no Arraial da Igreja Nova (atual Barbacena); o terceiro, entregue na Estalagem da Varginha, situada a seis quilômetros de Conselheiro Lafaiete; o último quarto foi pendurado no sítio das

Bandeiras, próximo a Cachoeira do Campo. Coube a Vila Rica a cabeça que, guardada por sentinelas, ficou exposta por dias.

Entre os planos dos inconfidentes estava transferir a capital para São João del Rei, "por ser mais bem situada e farta de mantimentos", como depôs o conjurado Domingos de Abreu Vieira; criar uma universidade em Vila Rica, segundo o depoimento deste mesmo conjurado; unir Minas, Rio de Janeiro e São Paulo para se terem os recursos militares e financeiros necessários, e dotar a capitania de uma costa marítima, com portos abertos para a navegação, conforme depôs padre Carlos Corrêa de Toledo.

Embora alguns vejam o movimento de 1789 como "sonho de poetas", a Conjuração estabeleceu planos e ultrapassou meras conjecturas. Nasceu com Tiradentes e Maciel, que a articularam com a força militar, para somente depois receber apoio dos intelectuais. Foi, portanto, conspiração de militares, antes de sê-lo de poetas. E conspiração que se encaminhava para o levante armado nas três mais importantes zonas da capitania, as de Vila Rica, do Rio das Mortes e do Tijuco. A técnica de guerrilha seria a mesma de que os brasileiros se serviram, no século XVII, contra os holandeses: dominar os maiores centros mineiros e depois desnortear as forças que operavam em territórios acidentados e pouco populosos.

A falta de armas e de homens treinados no manejo bélico, além de total desentrosamento dos seus responsáveis, fez com que a Conjuração não avançasse. Contudo, a revolução mineira de 1789 demonstrou o grande e irreprimível anseio do povo em sacudir o jugo lusitano que lhe embargava os passos.

Na realidade, oitenta e quatro pessoas foram implicadas na devassa, muitas delas pessoas simples e sem expressão intelectual, social ou militar, que ao final foram absolvidos de culpa, tais como: Alexandre, o escravo do padre Rolim; Manoel da Costa Capanema, sapateiro; Faustino Soares de Araújo, o escrivão de Mariana; Domingos Fernandes da Cruz, ourives; Manoel José de Miranda, lavrador; Manoel Joaquim de Sá Pinto do Rego Fortes, capitão da legião de São Paulo, morto na prisão.

Até um certo Nicolau Jorge Gwerck, espécie de dândi irlandês que fixou residência em Vila Rica e costumava se meter em assuntos políticos com o cônego Vieira, foi encarcerado e submetido a interrogatórios na Alçada. Mais tarde, sua prisão foi relaxada, e o irlandês voltou para a Europa.

A Inconfidência Mineira teve duração fugaz, porque no espaço de pouco menos de um ano ela foi planejada, denunciada e sufocada. A Conjuração mineira, que aconteceu sem armas, sem cavalaria, sem logística ou batalha, foi sumariamente exterminada pela força da lei, que viu nela uma ameaça, mesmo com as únicas armas reais que possuíam os conjurados: o intelecto e as letras, o que, bem aplicado e difundido, torna-se perigo letal para governos autocráticos e déspotas decadentes.

Caminhos distintos

O Solar dos Ferrões foi tomado de terrível apreensão. A súbita prisão de Gonzaga deixara Marília atônita, mesmo cercada pelo consolo das tias Catharina e Thereza, que insistiam em afirmar que aquela tragédia seria passageira. Para elas o momento seria logo esquecido, e apareceria para a sobrinha um partido melhor que a desposaria. A aflição pairava entre as paredes do solar não só pelas prisões como pela espera das providências do capitão Mayrink, assim que regressasse da fazenda.

Apesar de ter se tornado prisioneira em sua própria casa, chegavam aos ouvidos de Marília os murmurinhos de Vila Rica. Corria o boato de que o Visconde de Barbacena teria ordenado prender Gonzaga e conduzi-lo imediatamente para o Rio de Janeiro a mando das tias, que não desejavam ver essa união realizada. E mais desprezo teve por Silvério dos Reis ao saber que tal boato nascera de sua mente maliciosa.

No coração de Marília havia esperança de que Gonzaga fosse absolvido e que seu casamento sofreria somente um adiamento. Para pôr fim às expectativas, o capitão resolveu levar a filha consigo para a fazenda Fundão das Goiabas. Enquanto Marília rumava em direção a Itaverava, Gonzaga era confinado na Ilha das Cobras. Cercado pelas paredes úmidas da fortaleza, o poeta dedicou o tempo de prisioneiro a se defender por meio da poesia.

Lá ele recebeu algumas visitas, entre elas a da esposa do governador, D. Maria da Silva. Ao vê-la, Gonzaga pensou logo em usá-la como medianeira, mas vendo seus planos frustrados, tentou se comunicar com Marília por meio do doutor Antônio Ferreira França – pessoa em quem o poeta demonstra confiança nesse tipo de favor, conforme trecho de carta endereçada ao amigo. A tradição oral cita o trecho a seguir, retirado de uma carta que seria enviada muito mais tarde, quando o poeta, já estava no degredo em Moçambique: "Sim, meu verdadeiro amigo, eu não serei ingrato ao afeto que me mostrou. Peço-lhe que me remeta essas cartas e que se sirva muito da vontade deste".

Trecho que confirma ser Antônio Ferreira França o emissário de notícias a Marília – o "canoro passarinho" que visitou Gonzaga na prisão e aparece na lira 37 da 2ª parte:

Meu canoro Passarinho,
Se sabes do meu tormento,
E buscas dar-me, cantando,
Consolo e contentamento,

Oh! Não cantes mais, não cantes,
Se queres me ser propício;
Eu te dou em que me faças
Muito maior benefício.

Ergue o voo, os ares rompe,
Procura o porto da estrela,
Sobe a serra, e, se cansares,
Descansa no tope dela.

Toma de Minas a estrada
Da Igreja Nova, que fica

Do lado direito, e segue
Sempre fito a Vila Rica.

Comovido pelo sofrimento de Gonzaga, o amigo ruma para Vila Rica na missão de levar a carta. Ciente de que Antônio, residente no Rio de Janeiro, tinha pouco conhecimento geográfico de Minas, o poeta cuidou de minuciar a rota e detalhar a aparência de Marília, evitando que Antônio a confundisse com uma das irmãs. Gonzaga sabia que, se a carta não fosse direto às mãos da musa, a família se encarregaria de destruí-la.

Entra nesta grande terra,
Passa uma formosa ponte,
Passa a segunda e a terceira,
Busca um palácio defronte.
Tem o mesmo ao pé da porta
Uma rasgada janela;
É da sala onde assiste
A minha Marília bela.

Para bem a conheceres
Eu te dou os sinais todos,
De seu jeito, de seu talhe,
De suas feições e modos.
Tem o semblante redondo,
Sobrancelhas arqueadas,
Negros e finos cabelos,
Carnes de neve formadas.

A boca risonha e breve,
Níveas faces cor-de-rosa,

Numa palavra: é a que vires
Dentre todas mais formosa.
Chega de manso ao seu ouvido,
Dize que dizer-lhe te mando.
Que vivo nesta masmorra,
Mas sem alívio penando.

(*Marília de Dirceu,* ed. 1845 – 2ª Parte – Lira XXXVII)

O que Gonzaga não sabia, tampouco Antonio Ferreira, é que Marília não se encontrava mais em Vila Rica. Reclusa na fazenda do pai, a única notícia que a família permitiu chegar a seus ouvidos foi a do degredo de Gonzaga para Moçambique, porque isso eliminaria toda a esperança de Marília.

Embalado pelas ondas no navio *Nossa Senhora da Conceição Princesa de Portugal*, Gonzaga imaginava Marília a ler e reler suas cartas ao pé do muro que outrora testemunhara as primeiras liras. O jardim, a varanda e o chafariz do solar, que abraçaram tantas declarações de amor, foram trocados por uma terra inundada pela água quente de chuva e o ar abafado a derreter os sonhos do poeta.

Moçambique possuía uma fortaleza a nordeste, ao centro uma vila com sete bairros e mais ao sul uma povoação indígena. Um emaranhado de becos e vielas cercadas por sobrados compunham o centro do povoado. Muros carcomidos de maresia cercavam as moradias de uma população composta basicamente de aborígines negros, mouros islamitas, indianos e uns parcos portugueses e espanhóis.

Após três anos preso na Ilha das Cobras e com a longa travessia do Atlântico, Gonzaga mal pisa em solo africano e é acometido de febre. Mas o martírio não destruíra a habilidade do poeta em se arranjar. Logo recebeu amparo do comerciante Alexandre Roberto Mascarenhas, com cuja filha Juliana de Souza Mascarenhas se casou pouco depois. Os modos acanhados e infantis da jovem despertaram a libido de Gonzaga, que nunca encontrava atrativo em mulheres da sua idade.

Não perdera também o jeito de costurar o perfil para melhor conquistar seus objetivos. A inculta, jovem e rica Juliana conheceu cedo os exageros do noivo, para não dizer mentiras. No juramento oficial da cerimônia, Gonzaga declarou sobre os evangelhos que "tinha a idade de 38 anos", "que nunca dera palavra de casamento a pessoa alguma" e que estaria se casando "sem o constrangimento de pessoa alguma". Nos votos de casamento, Gonzaga consumiu onze anos de sua vida, pois já contava 49; pedira à rainha D. Maria I licença de casamento em 1789, para se unir a Marília; e para os costumes da época, o enlace na África, sem prévio aviso, era visto como desrespeito à família Ferrões.

Para o homem que eternizou os sentimentos nas mais belas combinações poéticas e sonhou concretizar seus ideais burgueses casando-se com a bela, jovem e inteligente Marília, o destino foi cruel demais. Restou ao poeta se casar com a desairosa Juliana Mascarenhas, com ela ter filhos e se estabelecer às margens da mediocridade. A África enfraqueceu-lhe os arroubos intelectuais e o fígado. A inspiração que encontrara em Marília nunca mais moveu sua pena à imortalidade.

Dedicou-se a trabalhar no cargo de advogado dos auditórios públicos para completar o orçamento, pois do sogro herdou apenas a casa na ilha e alguns escravos. Acostumado com a pompa, Gonzaga contraiu muitas dívidas, que lhe eram perdoadas em troca do seu silêncio quanto aos contrabandos feitos pelos amigos alfandegários.

Em 1795, foi alertado de que seus bens sequestrados na devassa estavam sendo roubados pelo fiel depositário, Manoel da Costa Mourão. Imediatamente, nomeou um procurador para reavê-los, além de pedir a prisão do antigo amigo e hospedeiro. Além de alguns papéis e documentos sem valor para o processo da Inconfidência, nada conseguiu recuperar: havia muito seus bens tinham sido leiloados em praça pública.

Pouco demorou para que a antiga doença gastrointestinal, que assolara o poeta por quase toda a vida, retornasse com mais intensidade. Mesmo doente, desempenhou o cargo de juiz interino da alfândega até a sua morte aos 65 anos. Dela sabe-se apenas que foi antes do dia 2 de fevereiro de 1810 – data em que Antonio da Cruz e Almeida faz juramento de desempenhar o emprego de procurador da Real Fazenda, que "se achava vago por falecimento do Dr. Thomas Antônio Gonzaga".

Entre 25 de janeiro e 1 de fevereiro, aos cuidados do companheiro de Conjuração, o doutor Salvador Carvalho do Amaral Gurgel, e rodeado da esposa e dos dois filhos – Ana Mascarenhas Gonzaga e o caçula de apenas um ano, Alexandre Mascarenhas Gonzaga –, morre o poeta das paixões transgressoras e dos amores impossíveis.

Levou consigo os segredos da Inconfidência Mineira, deixando uma história repleta de mistérios e lendas. Seus restos mortais, entretanto, não conheceram a paz na velha Sé de Moçambique. Um terremoto danificou a sepultura e as autoridades julgaram mais seguro transportar seus ossos para um jazigo em Nossa Senhora dos Remédios. Em 1936, suas cinzas foram exumadas e enviadas ao Brasil, e estão no Museu da Inconfidência, em Ouro Preto.

Quanto a Marília, permaneceu imersa na vida rural até 1815. Esquivava-se às raras visitas, e quando não havia saída, aparecia para os amigos de seu pai que ali transitavam de volta do Rio de Janeiro ou em caminho para lá, cheios de novidades sobre a situação dos inconfidentes. Mas Marília pouco se interessava. A partida de Gonzaga para a África e o casamento com Juliana encerraram expectativas, transformando a sua vivacidade em silêncio. Ela se tornara uma pessoa reclusa, de pouca conversa e nenhum convívio social. Mergulhou nos afazeres domésticos, administrando os serviços dos escravos.

A única visita que Marília recebia com prazer era a companheira de Tiradentes, que vez ou outra a procurava em busca de socorro que lhe matasse a fome. E... quem mais confiável que a concubina de Tiradentes para encaminhar correspondência a Gonzaga? Eugênia Joaquina de Jesus, senhora de expressiva beleza, havia partido de Vila Rica até que a situação se acalmasse, tendo vivido algum tempo nas cercanias do Fundão das Goiabas. Volta e meia buscava mantimentos na fazenda, entremeados com bilhetes de Marília, que eram encaminhados à Ilha das Cobras, como registrou o poeta:

Não ouço as tuas vozes magoadas,
Com ardentes suspiros
Às vezes mal formadas.

Mas vejo ó cara, as tuas letras belas;
Uma por uma beijo,
E choro então sobre elas.

Tu me dizes que siga o meu destino;
Que o teu amor, na ausência,
Será leal, e fino.

De novo a carta ao coração aperto,
De novo a molha o pranto
Que de ternura verto.

(*Marília de Dirceu* – 2ª Parte – Lira XXXI)

Não foram muitas, nem se sabe quantas, mas o certo é que pelo menos uma carta foi escrita com o intuito de libertar Gonzaga do compromisso firmado. É próprio de mulheres como Marília, educada para a resignação, abdicar do amor e jurar-lhe fidelidade sem nada pedir em troca. Que fazer? Seguir Gonzaga, jamais; seria o fim da sua família. Tampouco poderia exigir que o poeta lhe fosse fiel, sabendo que o degredo inviabilizara para seu noivo qualquer futuro calçado no passado. Quanto à possibilidade de casar com outro, estava fora de questão. Havia muito se conformara em terminar seus dias na fazenda. "E que fossem breves" – incluía nas preces matinais.

A Vila Rica, Marília viajou algumas vezes em que sua presença se fazia imprescindível, como o enterro da tia Antonia Cláudia, vítima de hidropisia em 1799; mas a cidade motivava-lhe uma nostalgia insuportável, e tão logo terminou o cortejo fúnebre retornou ao campo. Dele saiu novamente para tentar limpar o nome de família.

Os filhos das ervas

Enquanto Marília se entretinha com as leituras religiosas e a lavoura de milho, Vila Rica colocava o nome da família no palco dos escândalos outra vez. Diziam que o "bastardinho Anacleto" era fruto da volúpia entre Emereciana e Manoel Teixeira de Queiroga, e que não tendo acertado o casamento, entregara a criança para adoção.

Queiroga chegou ao Brasil por volta de 1783, e seu temperamento tratável o ajudou a cultivar a amizade e simpatia das pessoas da corte, além de algumas autoridades locais. Inteligente, prosperou rápido tanto no comércio quanto na lavoura. Foi proprietário em Vila Rica de vários negócios de tecidos, de secos e molhados, ferragens e de duas fazendas em Curvelo, onde possuía extensas plantações, gado e cavalos. Senhor de considerável riqueza, o seu palacete na ladeira do Ouvidor ou o sítio Crioulo eram o paradeiro daqueles que buscavam a sorte de um padrinho de valor para os filhos, fossem crianças ou estivessem prontos para celebrar o matrimônio.

Um dos maiores negócios que Manoel Queiroga realizou foi o arremate do contrato de dízimos nas comarcas de Ouro Preto, Rio das Velhas, Sabará, Serro e Minas Novas – um contrato que lhe dava direito de cobrar, em nome do fisco, imposto equivalente à décima parte de tudo que fosse produzido por lavradores, senhores de engenho e criadores. O "dizimeiro" podia ainda nomear escrivães, além de contratar pessoas para a fiscalização e cobrança, que na sua maioria era gente opressiva e bárbara.

A Igreja é que não ficou satisfeita ao ver o imposto, que antes lhe era entregue diretamente pelos contribuintes, ter de passar pelas mãos de Queiroga e da Coroa para só então aportar nas oferendas cristãs. A manobra se tornou negócio arbitrário que funcionava conforme interesses pessoais e políticos, o que criava a inadimplência e o favoritismo corporativo como forma de amenizar as cobranças do fisco eclesiástico. Se o negócio era rentável, era também arriscado e odioso, pois a prestação de contas do dizimeiro com a coroa era tão rígida quanto a dele para com os seus devedores.

Queiroga porfiava com os elegantes da época, no traje e na ostentação. Sua residência era uma das mais impressionantes de Vila Rica, embora para o proprietário impressionante mesmo fosse a graciosidade da sobrinha de Antonia Cláudia, sua vizinha de frente. Emereciana, no auge de seus 19 anos e dona da tradicional beleza das mulheres Ferrão, despertara o interesse do dizimeiro.

No início, fosse por não ousar pretendê-la, fosse por saber que sua ruína financeira era eminente, cultivou apenas uma paixão sorrateira. Até que num dos inúmeros batizados em que o homem foi padrinho, coincidiu de a madrinha ser Emereciana. O resultado foi um namoro que culminou em pedido de casamento.

Motivos não faltaram para Mayrink proibir a união. Ora, além de ter o dobro da idade de Emereciana, o pretendente estava a ponto de perder os bens para o fisco. Além disso, tinha dois filhos bastardos, os quais ele sustentava. Um "não" sonoro foi a resposta do capitão. Humilhado, Queiroga foi à desforra.

Apesar da constante vigilância das tias e da severidade a que era submetida, Emereciana encontrou meios de se render à sedução, bem debaixo do nariz de Thereza e Catharina. Nesses tempos, as tias e a sobrinha haviam se mudado para a Casa Grande, um anexo do Solar dos Ferrões. Nos fundos da propriedade que abrigava ambas as casas uma densa mata encobriu a lascívia dos amantes. Tal qual Queiroga planejara, os encontros culminaram na gravidez da moça. Quando as irmãs Ferrões vieram exigir reparação, foi a vez de o dizimeiro responder um sonoro "não".

Abandonada e longe de Marília, a irmã com quem tinha mais intimidade, Emereciana se viu dando voltas em um labirinto de aflições. Diante dos enjoos e da barriguinha protuberante, teve de revelar seu segredo à irmã Anna Ricarda, que já era casada com capitão Valeriano Manso e morava no Solar dos Ferrões ou, como lhe chamavam os moradores de Vila Rica: a Casa do Chafariz.

Anna Ricarda temia que o capitão Mayrink não suportasse mais essa desonra, ou pior, que viesse da fazenda para castigar a filha com um dos objetos de tortura usados nos escravos. Certamente a coleira ou o bacalhau (chicote de três tranças de couro) ele usaria em Emereciana. Era comum o chefe da casa ter entre os pertences pessoais vários objetos de castigo e tortura, que utilizava nos escravos, serviçais e até mesmo em membros da própria família, tais como filhos ou esposas, sem o menor pudor ou arrependimento.

Temerosa pela atitude do pai, Anna Ricarda informou apenas às tias sobre a gravidez. A opção encontrada foi levar Emereciana para a Fazenda do Manso, como eram conhecidas as terras do marido. A propriedade pertencia à família desde 1770, numa concessão de terras pelo governo português com o intuito de desenvolver a agricultura e a criação de gado para recompensar nobres, navegadores ou militares por serviços prestados à Coroa.

Terminado o parto, a irmã de Emereciana buscou pessoas de confiança para adotar a criança sob sigilo. Naquela época era comum as crianças serem deixadas nas portas das casas em que já se havia acordado com os proprietários de recebê-las; caso não encontrasse um casal disponível para receber a *surpresa*, deixavam-nas nos adros das igrejas ou em lugares desabitados, onde morriam devoradas por cães e outros animais. A esses enjeitados chamavam de "filhos das ervas", porque eram deixados em cestinhos forrados com ervas e matos. Mas Anna Ricarda, por mais que procurasse, não encontrava o lugar ideal para depositar a criança. Até que se lembrou de um antigo amigo da família, o sargento Manoel Ferreira da Silva Cintra. O sargento-mor tivera quatro filhas, todas batizadas pela família Ferrão. A primeira, de nome Jacinta, foi batizada por Antônia Cláudia; a segunda, Rosa, que morreu aos seis meses, foi batizada por Marília; a terceira, Aniceta, por João Carlos Ferrão. Finalmente, a quarta filha foi batizada por Queiroga e Emereciana e levou o nome da madrinha.

Assim, em 13 de julho, aparecia às portas da casa de Manoel Ferreira Cintra "um exposto inocente de cor branca". Ou seja, um filho bastardo de seus compadres. E na consciência do compromisso selado com os Ferrões, tratou de assumir o enjeitado, batizando-o sem demora, com o nome de Anacleto, para abafar o falatório.

Resolvido o problema de honra da família, Emereciana foi enviada para a fazenda, onde passou a viver ao lado do pai e da irmã, Marília. Quanto a Queiroga, após ter ficado completamente arruinado, desapareceu de Vila Rica sem deixar nenhum vestígio. Quanto ao filho Anacleto Teixeira de Queiroga, faleceu na cidade de Ouro Preto (antiga Vila Rica), aos 67 anos de idade. Em testamento (datado de 10 de abril de 1861, ano de sua morte, encontrado nos autos de inventário no Cartório 2º do Ofício de Ouro Preto, letra "A"), declarou quem fora seu pai, mas preservou o nome da mãe, se é que sabia. O depoimento, de certa maneira inocente, deixou brechas para a história especular sobre Anacleto ser filho de Marília, quando na verdade foi seu sobrinho. Trechos dessa carta pertencente a um de seus descendentes foi transcrita e mantida sob sigilo a pedido da proprietária do documento: "[...] sou natural desta cidade, filho natural do tenente-coronel Manoel Teixeira de Queiroga, já falecido, e exposto e criado em casa de Manoel Ferreira da Silva Cintra, morador desta cidade [...]".

O verão de 1799 levava Marília de volta a Vila Rica para ser madrinha de casamento. Ciente da concupiscência da irmã, ela prefere carregá-la consigo a dar chance ao azar. Todavia, nem pesados grilhões dariam jeito na moça. Seis anos vivendo no Fundão das Goiabas, tonificaram Emereciana, tornando-a mais encantadora. E mais afoita à devassidão. Logo chamou a atenção do alferes de cavalaria Carlos José de Mello, um jovem cujos olhos pardos a inebriaram de imediato.

O alferes nutria boas intenções. Estava apaixonado, realmente, mas a paixão passou como relâmpago ao saber, da boca da própria Emereciana, que em seu passado pairava a sombra de uma criança bastarda. É claro que a confidência se deu num clima que os poetas chamariam de "segredos de alcova". O resultado? Outra gravidez. Mas dessa vez Marília entrou em cena para consertar a situação. Logo ela e o vigário Antônio Ferreira de Araújo, amigo da família, definiram quem levaria a criança à pia batismal.

> *Aos vinte e um de abril de mil e oitocentos, o coadjutor Hyppolito Antonio Ferreira de Freitas batizou e pôs os santos óleos a Carlota, párvula exposta a vinte e três de março próximo passado à porta de João da Costa Pereira, casado. Foram padrinhos o reverendo Antonio Ferreira de Araújo e D. Maria Dorothea Joaquina de Seixas, por procuração que apresentou o capitão Bento Pereira Marques, todos desta freguesia de Antônio Dias* (Livro de Batismos da Igreja da Freguesia de Nossa Senhora da Conceição de Antonio Dias, com páginas datadas do ano de 1800).

O casal que batizou Carlota era pardo e forro, e também gente de confiança tanto do padre Antônio, quanto das irmãs Marília e Anna Ricarda. Prova disso é que seis anos mais tarde o mesmo padre, juntamente com Emereciana, e esta por meio de um procurador, seriam padrinhos de um filho desse mesmo casal que agora batizava a filha bastarda de Emereciana.

Após a reincidência, ficaram todos convencidos dos riscos de manter Emereciana em Vila Rica. A solução foi confiná-la na fazenda, o que para Marília era um alívio, pois poderia voltar à solidão do campo e em companhia da irmã predileta. *Para sempre* é tempo demais, e as irmãs vez ou outra tinham de retornar à cidade para visitar as tias, que já andavam idosas e doentes, e cumprir compromissos. Como foi o caso daquele outubro de 1800, quando Marília, juntamente com o novo governador da Capitania, Bernardo José de Lorena, batizou o sobrinho, filho de Anna Ricarda. Também em 1802 estiveram elas de volta a Vila Rica, para Emereciana servir como madrinha de outra criança. Como quase nunca Carlos Mello era enviado para fora da cidade em missão militar, a vigilância sobre Emereciana enquanto ela permanecia em Vila Rica era redobrada.

Em finais de 1805, Marília já estava com seus 38 anos de idade, e Emereciana com 31. No entanto, nenhuma delas havia entrado na livre administração que lhes coube dos bens da herança materna, que eram principalmente de escravaria, entre outros poucos bens. Para isso, necessitavam de solicitar documento de emancipação declarando que "são maiores de 25 anos, como mostram pelas certidões juntas, e que têm juízo e capacidade para se regerem e administrarem seus bens, sem dependência de tutor ou curador". A justificação foi processada e depuseram nela o velho conhecido sargento Manoel Ferreira da Silva Cintra, o capitão José da Silva Brandão, casado com a prima Anna Sanches Brandão, e o padre Ignácio Xavier da Silva Ferrão.

A manobra judicial se fazia importante, pois Anacleto, que por esses tempos havia completado dez anos, precisava receber a devida educação. Os recursos deveriam partir de Emereciana e não de Manoel Ferreira, que já havia colaborado com a responsabilidade da criação.

Embora emancipadas, as irmãs continuaram a viver em Itaverava, em companhia do pai. Beirando os 70 anos, o capitão

Mayrink não tinha boa saúde. Também em sua segunda esposa já pesavam os anos, o que dificultava a lida rural.

Tudo envelhecia no Fundão das Goiabas. Os escravos desapareciam aos poucos, uns por morte natural, outros por buscar novos territórios e liberdade, nem que fosse pela fuga. As terras cultivadas davam lugar ao abandono, e o mato engolia as plantações. Marília não sabia o que socorrer primeiro: a fazenda ou o pai doente. Sobre sua madrasta, Maria Magdalena de São José, se abateu tristeza profunda ao perceber que logo perderia o companheiro. Ambos passavam os dias confinados no quarto, o capitão sem forças para sequer sair da cama, e a esposa sem coragem de enfrentar a vida sem o homem que a acompanhara por quatro décadas. Nem Marília nem Emereciana imaginavam que a madrasta e o pai fossem tão unidos, a ponto de ela morrer em 14 de janeiro, dez meses após o enterro do capitão.

Após a morte de Mayrink e da esposa, Marília tomou para si o encargo da partilha da herança. Como não fazia sentido continuar em Itaverava sem o pai, principalmente porque a recuperação da lavoura carecia de muito trabalho e investimento, a solução foi vender a propriedade e retornar para a casa das tias em Vila Rica.

Thereza e Catharina, que já estavam por esses tempos com 87 e 84 anos, receberam as sobrinhas como se fosse bênção; afinal, ninguém melhor para governar a Casa Grande. Para Marília também foi reconfortante voltar para a companhia das tias e com isso desfrutar da alegria dos filhos de Anna Ricarda que davam vida novamente ao jardim e ao pomar, com suas correrias e brincadeiras. Não seria necessário se preocuparem com Emereciana, pois se acreditava que os 40 anos tivessem dado a ela algum juízo.

Carlos de Mello continuava solteiro e era capitão do seu regimento. Vendo a mãe de sua filha Carlota ainda bonita e esbanjando charme, a paixão de quinze anos atrás aflorou novamente; o resultado foi nova gravidez. Mas as circunstâncias eram outras, e dessa vez haveria de se dar jeito na irresponsabilidade de Emereciana. A primeira a saber da reincidência foi Anna Ricarda, agora viúva e, portanto, impossibilitada de esconder a irmã na fazenda dos Mansos. O jeito foi manter Emereciana trancafiada na casa em Vila Rica até o fim da gravidez.

Marília e o padre Antonio Ferreira, impacientes com as trapalhadas de Emereciana, acertaram com Carlos Mello que a criança seria encaminhada à residência do próprio pai, como exposto enjeitado e seria batizado pelo padre Antônio e Anna Ricarda. Mas era preciso domar a volúpia de Emereciana, e, para isso, ninguém melhor que o tio João Carlos. Nessa época João Carlos era superior militar de Carlos Mello, e este, que já conhecia o caráter austero do chefe, sabia que se o brigadeiro quisesse, poderia causar grande estrago no seu futuro; bastava aplicar-lhe o que determina a lei no Quinto Livro das Ordenações (título XIV):

> § 3: E se algum homem emaranhar alguma mulher virgem, ou honesta, que casada seja, por dádivas, ou afagos, ou prometimentos, e a tirar, e levar fora da casa de seu pai, mãe, tutor, curador, senhor, ou outra pessoa sob cuja governança, ou guarda estiver, ou de qualquer outro

lugar onde andar, ou estiver por licença, ou mandado, ou consentimento de cada um dos sobreditos, ou ela assim emaranhada, e induzida se for a certo lugar donde assim a levar, e fugir com ela, sem fazer outra verdadeira força a ela, ou aos sobreditos, e o levador da moça for fidalgo de solar, ou outra pessoa posta em dignidade, ou grande honra, e o pai da moça for pessoa plebeia, e de baixa maneira, ou alfaiate, sapateiro, ou outro oficial, não semelhante nem igual em condição, nem estado, nem linhagem ao levador, em tal caso o dito levador será riscado de Nossos Livros, e perderá qualquer tença graciosa, ou em sua vida que de Nós tiver, e será degredado para cada um dos Nossos Lugares d'além-mar em África, enquanto for Nossa mercê. E qualquer outro de menor condição, que semelhante fizer, moura por elo. E bem assim haverá lugar a dita pena.

Ciente de que cabia perfeitamente no conceito de "Levador", Carlos Mello não teve alternativa senão se dobrar às exigências do brigadeiro e se casar com Emereciana. O casamento ocorreu de maneira reservada e epistolar para que os ânimos não sobrepujassem as responsabilidades.

Não se sabe por que, mas após o casamento Carlos buscou a filha bastarda na casa do padre e a criou na qualidade de filha natural. Os pais adotivos, que na verdade eram a avó e avô paternos, tinham entregado Carlota, aos quinze anos, aos cuidados do padre Antônio Ferreira e este, sempre que visitava a família Ferrão, a levava consigo – a maneira de a garota conviver com a sua família legítima sem levantar desconfiança.

Emereciana acompanhou a adolescência da filha na condição de amiga, e sempre que necessário presenteava-a com um vestido novo, sapatos, um ou outro adorno de ouro. Agora ela iria conviver com a filha debaixo do mesmo teto, na condição de madrasta, sem poder confessar a maternidade; se a verdade viesse à tona, ambas seriam banidas da sociedade.

Tal qual a mãe, a beleza de Carlota fascinava os homens, e como a tia, foi cortejada pelo novo Ouvidor, o incansável José Duarte de Araújo Gondim. Após três décadas a história se repetia na família Ferrão. A adolescente de quinze anos encantara o Ouvidor quarentão, só que dessa vez não mais através do muro que divisava as casas. Na parte mais rebaixada do jardim, distante umas dezenas de metros da horta, havia um portão de ferro que Gondim atravessava diariamente para se encontrar com Carlota.

Todavia, Gondim, conhecedor das leis, não se atreveria a pedi-la em casamento por saber ser ela uma filha na condição de exposta, o que não permitia obter aprovação da Corte, e o Ouvidor dependia da licença régia para casar. Apaixonados, optaram pela fuga. Após o sino das 21 horas, em que todos se recolheram na Casa Grande, Carlota foi para o portão de ferro, onde o seu raptor já a esperava.

O escândalo foi tão grande que Anna Ricarda permaneceu com as janelas fechadas por dias, principalmente a que ficava acima do chafariz, onde as escravas se esbaldavam com o falatório.

Furiosa, Emereciana, que não podia assumir a maternidade, fez o pai, Carlos Mello, dirigir ao ministro do reino de Portugal, o Marquês de Aguiar, queixa para uma ação judicial contra Gondim por ter "raptado sua filha, conservando-a em sua companhia com escândalo público". Uma cópia do requerimento deveria ser enviada ao governador da Capitania. Para complicar a vida de Gondim, D. Manoel de Portugal e Castro estava de licença e em seu lugar estava o comandante superior da guarnição militar; ironicamente, o brigadeiro João Carlos Ferrão. Mas o requerimento retornou de Lisboa como indeferido, visto que Carlos Mello "não era pai legítimo da ofendida em questão". A saída foi legitimar Carlota, atestando que ela e Maria eram filhas dele com Emereciana com a seguinte petição:

> *[...] Diz Carlos José de Mello, capitão ajudante do regimento de cavalaria de linha de Minas Gerais, destacado na corte do Rio de Janeiro, que de sua mulher D. Emereciana Joanna Evangelista de Seixas tem duas filhas, que por justos motivos fez batizar como expostas, cujos nomes e os das paróquias onde foram batizadas sãos os seguintes: Carlota, batizada na matriz de Nossa Senhora da Conceição de Antônio Dias, e da qual foram padrinhos o reverendo padre Antônio Ferreira de Araújo e D. Maria Dorothea Joaquina de Seixas, e Maria, batizada na mesma paróquia, e da qual foram padrinhos o mesmo reverendo padre Antônio Ferreira de Araújo e D. Anna Ricarda Marcellina de Seixas, e como deve constar que elas são suas filhas legítimas e da dita sua mulher, e seja necessário fazer-se para isso a competente declaração no livro de batizados, o que não se pode fazer sem licença de V.Sa, por isso pede que mande o pároco da matriz de Nossa Senhora da Conceição*

de Antônio Dias abrir naquele livro assentos pelos quais conste serem filhas legítimas Carlota e Maria, para o que assino esta com meu próprio nome e firma reconhecida [...] (Livro de Batismos da Igreja da Freguesia de Nossa Senhora da Conceição de Antonio Dias, com páginas datadas do ano de 1800, em 21 de abril).

Com os assentos em mãos, Carlos Mello pôde formalizar outra vez requerimento contra Gondim. Mas o ouvidor tratou logo de legalizar sua união, mesmo porque esse era o intuito desde o rapto. Desfeito o mal-entendido, celebrou-se o casamento.

Aos trinta dias do mês de outubro de mil oitocentos e dezessete anos, pelas onze horas da noite, na capela da venerável ordem de São Francisco de Assis desta Vila, com fiança a banhos, se receberam em matrimônio por palavras de presentes o desembargador ouvidor desta comarca Antônio José Duarte de Gondim e Carlota Joaquina de Mello, aquele nascido e batizado na freguesia do Recife, bispado de Pernambuco, por filho legítimo de João Bernardo de Lima Gondim e de D. Manoela de Araújo Gondim, e a contraente, nascida e batizada nesta freguesia de Nossa Senhora da Conceição de Vila Rica, filha do capitão Carlos José de Mello e D. Emereciana Joanna Evangelista de Seixas, legitimada por matrimonio subsequente dos ditos pais: sendo ao seu recebimento presentes as testemunhas adiante assinadas, o sargento-mor Pedro José da Costa Pacheco, ajudante de ordens do Exmo. Governador e Capitão General desta capitania, e o sargento-mor Luiz Maria da Silva Pinto, oficial maior da Secretaria deste governo, e eu, que dei as bênçãos na forma do ritual romano, e, para constar, abri este assento, que assino com as testemunhas sobreditas, dia e era ut supra (Vigário Antônio da Rocha Franco, Livro de Matrimônios da Capela de São Francisco de Assis, com páginas datadas do ano de 1817, em 30 de outubro).

Foi uma apressada e discreta celebração, na qual participaram apenas as testemunhas. Quatro meses depois nasce Manoela, que foi batizada pelo governador da capitania, D. Manoel de Portugal e Castro, e como era de costume, sozinho.

Embora Carlota tenha seguido os passos de Marília, seu destino foi mais feliz do que o da tia, pois conseguiu se casar com o Ouvidor e com ele se mudar para a Bahia dois anos após o nascimento de Manoela. Gozou do respeito e admiração não só dos baianos, mas também dos cariocas, quando para lá o esposo foi transferido. Selou seu futuro na burguesia, semelhante ao que outrora era destinado a Marília, não fosse pela Conjuração mineira. Com a proclamação da independência, Gondim se elegeu deputado constituinte por Pernambuco, depois senador do império, cargo em que não chegou a tomar posse porque faleceu em finais de janeiro do mesmo ano, no Rio de Janeiro, deixando Carlota viúva e com quatro filhos.

O futuro de Carlota e de Maria foram assegurados quando Emereciana e Carlos legitimaram-nas suas filhas. Mas e o de Anacleto? Até então o rapaz, que não contava mais com a ajuda dos pais adotivos, tinha de seu apenas alguns trocados para investir na educação. Nada em seu sobrenome garantia herança de quem quer que seja. Com Emereciana ele não podia contar, pois ela jamais colocaria em risco a família que formou ao lado de Carlos Mello.

Prestes a completar vinte e três anos e matriculado no curso de medicina, Anacleto é adotado pela tia Maria Dorothea, tendo garantido assim o seu futuro. Foi a única maneira que ela encontrou de fazer justiça ao sobrinho, embora tal ato viesse alimentar, até nos dias atuais, interpretações errôneas sobre os laços sanguíneos que uniram Anacleto e Marília.

Pouco a pouco os sobrinhos rumavam a outras terras. Uns partiram para o litoral e de lá jamais saíram; outros seguiram para o Rio de Janeiro, retornando anos depois, como Anacleto que após se formar irá clinicar em Vila Rica.

A morte espreitava os tios e até familiares mais jovens, condenando Marília a intermináveis horas de solidão. Os dias se tornaram longos, e ela começou a temer que a velhice lhe fosse imposta como pena eterna.

Mediante as doenças e a falta de recursos da medicina, a média de vida no Brasil do século XVIII era de trinta anos. Aliás, antes da revolução industrial, a expectativa de vida no conjunto da população mundial estava em 27 anos. A razão de a família Ferrão e alguns afortunados de Vila Rica serem exceção à regra é mistério que oscila entre uma constituição genética excepcional e uma condição socioeconômica privilegiada.

CAPÍTULO IV

Uma lenda viva

Os últimos anos

Ao sepultar Catharina apenas quatro meses depois do funeral de Thereza, Marília enterrou também o tempo de bordados e desenhos. As horas em que se manteve na varanda em meio a agulhas e tinta, foram para saciar a curiosidade das tias com os mexericos no chafariz, que ela ouvia e lhes transmitia. Se na juventude Marília pouco se interessava pelo noticiário das escravas, na maturidade o cotidiano de Vila Rica em nada poderia emocioná-la.

Mas o ciclo de aflições ainda não havia cessado. A jornada de sofrimentos que estava fadada a seguir lhe reservava novos dissabores. Em meados de 1817, deflagrou-se a revolução na capitania de Pernambuco, lugar onde o irmão, José Carlos Mayrink, ocupava o cargo de secretário de governo. A cada vez que no tabuleiro da história se fazia um movimento, um dos familiares de Marília, sempre ligados à alta hierarquia militar, sacerdotal e até mesmo governamental, tinha seus destinos alterados. As notícias do Brasil e do mundo, as ideias de liberdade na América do Sul, marcavam a carne dos Ferrões, seja por envolvimento voluntário, seja por força do ofício.

A revolta que estourou em Pernambuco espelhou vários descontentamentos resultantes das condições econômicas e dos privilégios concedidos aos portugueses – a transferência da Coroa para o Brasil não deixou de favorecer os interesses lusos. Um dos principais desagrados estava nas forças militares. Dom João VI chamou tropas de Portugal para guarnecerem as principais cidades e organizou o exército, reservando os melhores postos para a nobreza portuguesa.

Embora a vinda da família real estabelecesse a administração da Colônia definitivamente no Rio de Janeiro, e isso alterasse a fisionomia da cidade com os primeiros esboços de uma vida cultural, como a abertura de teatros, bibliotecas, academias literárias e científicas, o peso dos impostos aumentou, pois a Colônia tinha de sustentar sozinha as despesas da corte. Nem todos aceitaram de bom grado a intensificada presença de portugueses ou os privilégios de que gozavam. A xenofobia esteve presente na revolução que começou no Recife, chefiada de início por um comerciante liberal e logo contando com o apoio de militares, funcionários, membros do clero e proprietários. Notam-se, nesse caso, influências da Revolução Francesa e das lojas maçônicas então existentes em Pernambuco.

Os revoltosos tomaram Recife e implantaram um governo provisório que proclamou a república, mas ao avançar pelo sertão foram reprimidos pelo ataque das forças portuguesas. Envolvido na revolta até o pescoço, José Carlos buscou ajuda dos maçons para fugir do país, pois seus companheiros estavam sendo caçados pelo exército. Partiu para França com a desculpa de tentar libertar Napoleão da ilha de Santa Helena e trazê-lo para o Brasil, colocando-o à frente da revolução pernambucana. Lá permaneceu em asilo político até o decreto de anistia geral. Novamente, ideais de liberdade afastavam de Marília um ente querido. Não bastasse o degredo de Gonzaga, agora o irmão caçula fazia a travessia do Atlântico. Conhecendo há muito a crueldade da Justiça portuguesa, ela compreendeu a partida do irmão, sentindo-se aliviada por não ter de assistir ao seu esquartejamento.

As vidas que cercaram Marília marcaram-na com atribulações e desgostos. De todas as perdas, a começar pela mãe, que viu morrer numa ocasião essencial de seu desenvolvimento, a morte do pai e das tias que a educaram desde a infância, o degredo de Gonzaga foi o que lhe tatuara a ferida mais dolorosa. Do romance aliciante, restara-lhe apenas o exemplar de *Marília de Dirceu*, que trazia consigo desde a sua aquisição em Lisboa.

Por volta de 1797, Marília convencera a tia-avó que fizessem juntas um passeio em Portugal – conforme pedido de licença régia guardado no Arquivo Público Mineiro, em Cartas e Ordens Régias, códice número 269, da Secretaria do Governo, folha 5, que registra o seguinte texto:

Sua Majestade he servida que V.Sa. conceda licença a D. Maria Dorothea Joaquina de Seixas p.a se transportar para este Reino p.a a companhia de sua tia D. Clara Gertrudes da Fonseca Borges.

Palácio de Queluz em 13 de fevereiro de 1797
D. Rodrigo de Souza Coutinho

O pedido partiu de alguém pertencente à corte, ou seja, certo D. Rodrigo, que solicitou a Bernardo José de Lorena, na época governador da Capitania de Minas Gerais e amigo íntimo da família Seixas – três anos mais tarde, em outubro de 1800, seria ele, juntamente com Marília, padrinho de Bernardo, o filho de Anna Ricarda (ato de distinção, pois a figura do governador dispensava a praxe da madrinha, e tendo ele aceito dividir o apadrinhamento resta concluir que tinha grande estima pela família de Dorothea).

A intenção de visitar Portugal, tão distante da ideia de fazer turismo como o Polo Sul é do Polo Norte, escondia a esperança de conseguir perdão para Gonzaga ou, no mínimo, a permissão de ir ter com ele na África. Não logrou nem uma coisa nem outra. Na verdade, não há comprovação de que Marília tenha sido recebida por Maria I e, se tivesse, provavelmente não conseguiria os favores de uma rainha demente, enfurecida pela Conjuração e premida pelas manobras econômicas das potências europeias. O consolo de Marília foi adquirir um exemplar da obra poética portuguesa mais difundida do século, que registrava o seu romance para as gerações futuras.

O romance do pastor e sua pastora transformara Marília numa lenda viva, fazendo-a experimentar os afetos e dissabores do estrelato. Embora reclusa em casa e de lá saindo apenas para a missa – compromisso que fazia questão de cumprir na primeira celebração do dia, quando o frio da manhã garantia a presença de poucos fiéis –, vez ou outra tinha a rotina quebrada por amantes da literatura que batiam à sua porta e de lá não sairiam sem antes conhecer a musa *Marília de Dirceu*. Viajantes de todos os continentes, que em Vila Rica colocavam os pés, abordavam-na para vê-la mais de perto, constrangendo-a com perguntas sobre o poeta Thomas Gonzaga. O próprio imperador D. Pedro I, em uma de suas visitas a Minas (sua primeira visita foi em 1821), quis beijar a mão da mulher que inspirou um dos poemas mais difundidos em Portugal. De tão ilustre figura ela não pôde se desvencilhar, como de costume.

Acompanhada da guarda real, Marília se viu na incumbência de ir ter com D. Pedro I no palácio do governo. Nessa época, Marília tinha 54 anos. Para quem guardava um rancor mudo da Coroa, estar frente a frente com um de seus representantes foi um esforço descomunal. Qualquer pessoa em seu lugar mandaria tecer a mais fina veste para a ocasião, mas Marília cobriu um vestido usual com a capa negra que usava na igreja e que a desobrigava de qualquer adorno de ouro ou prata. Talvez, o negro fosse mesmo a cor de excelência para expressar à família real as perdas sofridas em nome de um reino que destruiu sonhos e expectativas. Tão logo se viu livre das agruras do encontro, voltou para a solidão da Casa Grande, onde aguardava a velhice lhe tombar sobre a horta ou o jardim, embora pouco tempo tivesse para se dedicar a uma coisa e outra, pois cuidava pessoalmente de João Carlos Ferrão, que andava adoentado.

A filha bastarda do irmão caçula de Marília morava na Casa Grande por essa época, mas pouco podia valer no trato de João Carlos. Ninguém além de Marília conseguia lhe dar um prato de sopa. Francisca de Paula Manso rezingava pelos cantos da casa, ora rezando pela recuperação do homem ora clamando aos céus que o levasse logo. Quando o enfermo beirava a insanidade, ela lhe achegava um ramo de arruda, o que controlava o ímpeto do marechal por temer que a feitiçaria da "Parda" desse cabo dele.

A mudança de Francisca para a Casa Grande foi em parte para ajudar a cuidar do tio-avô e em parte aliviar a solidão de Marília. Nhá Chica, como era chamada pela própria Marília, era filha de alguma mulata com Francisco Mayrink, o qual assumiu de forma discreta a paternidade, diminuindo, assim, o número de enjeitados no seio da família Seixas Mayrink. Tinha a cor parda, e Marília repreendia o tio nas vezes em que ele colocava na sobrinha bastarda um apelido ofensivo. Pouco adiantava sair em defesa de Francisca quando a ofensa partia de João Carlos. A idade tornara o homem a cada dia mais difícil de conviver.

Nem a decadência dos 75 anos fez com que João Carlos perdesse a austeridade militar, que tornava belicosa a rotina da Casa Grande, mas que durou somente até abril daquele ano, quando então morreu o último membro da antiga linhagem do solar. O testamento e o falecimento do testador ocorreram em dezoito de abril de 1820. A aceitação do testamento pelo escrivão da Provedoria de Ausentes, Capelas e Resíduos aconteceu em vinte e um de abril. A relação e a avaliação de bens executados pelo Juízo da Provedoria se deram em vinte e seis de abril, uma semana depois, e o termo de aceitação da testamenteira foi assinado em vinte nove do mesmo mês e ano. Assim, em menos de quinze dias, durante aquele mês de abril, Marília se tornou definitivamente uma das mais ricas e abastadas moradoras de Ouro Preto.

João Carlos deixou legado suficiente para que a sobrinha ficasse livre de preocupações financeiras por longo tempo. A herança não só serviu para proporcionar à herdeira uma existência de tranquilidade, como também para saldar dívidas contraídas no período em que auxiliara Emereciana. Nomear apenas a sobrinha Marília como sua herdeira universal – Anna Ricarda e Emereciana estavam vivas e residiam em Vila Rica – foi a maneira que João Carlos encontrou de repartir também entre os sobrinhos bastardos. O marechal sabia que Marília nunca poupara despesas para a criação dos sobrinhos enjeitados.

Baixela de prata e porcelana das Índias, desnecessárias a quem optara por se manter distante do convívio social, foram vendidas imediatamente. Carruagens e animais também foram negociados, visto que Marília e Nhá Chica não mais viajavam, e a igreja de Antônio Dias ficava a poucas passadas da Casa Grande. O dinheiro serviu para educar Carlota e pagar o curso de medicina de Anacleto. O que restou das vendas foi usado para sepultar outra dolorosa perda de Marília: Anna Ricarda que morreu aos 66 anos, em 1836.

A morte da irmã abalou a já debilitada saúde de Marília, levando-a a fazer o seu lendário testamento – o único vestígio material da musa, que o escreveu e assinou. Além das maledicências decorridas na história porque um dos beneficiados era Anacleto, entre o registro do documento e a morte da testamenteira se passaram 17 anos. Esse tempo fez surgir uma cédula testamentária alterando o desejo inicial de Marília de ser enterrada na igreja de São Francisco de Assis, enquanto no segundo documento foi registrada a escolha da matriz da Conceição de Antônio Dias. Os beneficiados continuaram a ser Nhá Chica e Anacleto, denotando inabalável predileção pelos escolhidos. A primeira, pelos anos dedicados à tia, aliviando-lhe a solidão e cuidando dos serviços domésticos; o segundo por haver sido o primeiro filho bastardo de Emereciana – a irmã com quem Marília tinha maior afinidade e que num momento delicado não pudera socorrer, por estar no Fundão das Goiabas e desconhecer a gravidez.

Ademais, não havia como ser diferente. Carlota tinha se casado com marido de posses; os filhos de Anna Ricarda foram resguardados pela vultosa herança dos Mansos; o marido de Emereciana garantira a ámbos mais que o suficiente. A próspera carreira militar de Francisco de Paula legou-lhe consideráveis imóveis em Vila Rica. Coube a Marília abonar os filhos das ervas que carregavam o seu sangue.

Embora a herança recebida por Marília pudesse ser considerada dupla (o tio Bernardo da Silva Ferrão deixou todos seus bens ao outro irmão João Carlos, que acrescentou patrimônio e propriedades durante a sua carreira), não sobrou muita coisa para Anacleto e Francisca. Há que se levar em conta que Marília não tinha a guarda de um marido para sustentá-la, nem exercia nenhuma atividade que lhe propiciasse outras rendas. Consumiu parte da fortuna no decorrer dos anos que sobreviveu ao tio – mais de trinta anos após o recebimento da herança.

Embora não fosse quantia vultosa, Anacleto, que se encontrava ausente na data das avaliações, nomeou dois personagens estranhos para acompanhar a avaliação – o pedreiro Francisco do Nascimento e o carapina Francisco Ribeiro Caffé. É que Anacleto não confiava em Nhá Chica, o que se justifica, pois ela apresentou os itens relacionados no inventário mais de um mês após o falecimento de Marília. Esse tempo foi mais que suficiente para Francisca de Paula Manso subtrair muito dos bens documentados – joias, prata, pedras preciosas e dinheiro sumiram sem deixar vestígios.

O ano 1846 levou o irmão José Carlos Mayrink, enterrado em Pernambuco com honras de senador do Império. Ano após ano, Marília via a sua família se esvair. A foice continuou a ceifar pessoas de seu convívio íntimo e bem mais jovens que ela, como os primos Anna Sanches Brandão e o coronel Francisco Theobaldo Sanches Brandão – irmãos da poetisa Beatriz Brandão.

Aos 83 anos, Marília seguia os ritos santos amparada pelos braços dos seus últimos escravos. A vestimenta ficava por conta da ajuda de Nhá Chica, que lhe amarrava o lenço de seda preto debaixo do queixo, cobrindo os cabelos brancos, e a capa preta quase arrastando ao chão. Nem o pior temporal impedia Marília de ir à igreja. Assistia à missa diariamente debaixo do coro ou então aos pés de São Miguel, no altar da Nossa Senhora da Boa Morte, onde rezava o terço. Nos domingos e dias santos, ouvia missa na matriz de Antônio Dias, e nas sextas-feiras na capela de São Francisco de Assis. Ao fim do culto agarrava o braço do negro André, enquanto a mucama Isabel abria a caixinha para sua sinhá cheirar o rapé, escondida na lateral da igreja. Só então retornava à Casa Grande.

Caminhava com dificuldade pelas ladeiras de Vila Rica, sendo abordada por gente de toda sorte. As pessoas cumprimentavam Marília de maneira reverencial – espécie de tributo à emblemática anciã de cabelos prateados que colocou Vila Rica no mapa literário mundial. Não gostava muito de reverências, pois sabia que os cumprimentos, principalmente de estranhos, eram fruto da fama dos poemas de Gonzaga. Os que não os haviam lido, ouviram histórias do idílio e do seu desfecho trágico, e isso a incomodava tanto pelas lembranças quanto pelo estrelato que jamais quis para si.

Mesmo constrangida pelo assédio, correspondia aos acenos e sorrisos. Só não permitia que lhe beijassem a mão – intimidade que seus hábitos aristocráticos desabonavam –, segundo depoimento dado em 1912 por D. Maria Rodrigues Fraga (conhecida como D. Maria Casaca), antiga moradora da Freguesia de Antonio Dias que conheceu Marília quando tinha 25 anos:

> [...] *Embora acessível e afável, mantinha ante todos um ar sempre senhoril. Falava corretamente e com certa ponderação. Não saía senão para ouvir missa nos dias de preceito. Aparecia então muito bem trajada, toda de preto e à moda das senhoras idosas, pertencentes à classe aristocrática da época, que era vestido de nobreza [seda], capa comprida de tafetá com gola de veludo, meias de*

seda, sapatos rasos de duraque e na cabeça um lenço de seda, elegantemente atado. Mostrava-se contrariada quando percebia que alguém a observava. Em traje caseiro conservava sempre apurado linho. Não recebia senão pessoas de sua amizade, as quais nunca passavam da sala de visitas, salvo uma ou outra de sua maior intimidade. Nunca ia à porta ver quem batia. Quando em conversa se referia a Gonzaga, designava-o sempre pelo pronome "ele". À tarde sentava-se junto a uma janela da frente da casa, e ali permanecia até anoitecer, ora lendo, ora olhando distraída para a cidade [...].

Naquela quinta-feira de verão Marília não cumpriu sua rotina religiosa. Levantou-se para as abluções e sentiu um frio estranho a percorrer-lhe o corpo. Apesar de o céu emoldurar o Itacolomi de azul colonial, ela voltou para a cama a fim de se aquecer. "Ler um trecho do livro de cabeceira até me sentir melhor" – pensara Marília.

As mãos estavam frias, e os dedos sofriam para manter o livro aberto. A cada alvorecer Marília se dedicava à leitura de uma lira, aleatoriamente. Às vezes detinha-se no início – os poemas dos encontros inocentes –, outras, nos ciúmes de amor. Quase nunca lia as que narravam sobre tormentas e masmorras lúgubres, nem quando o livro ali se abria, atrevido. Naquela manhã as liras versavam o tempo da madureza – dos sonhos almejados.

[...]
Mas sempre passarei uma velhice
Muito menos penosa.

Não trarei a muleta carregada:
Descansarei o já vergado corpo
Na tua mão piedosa,
Na tua mão nevada.
[...]
Apenas me sentar, então, movendo
Os olhos por aquela
Vistosa parte, que ficar fronteira,
Apontando direi: ali falamos,
Ali, ó minha bela,
Te vi a vez primeira.

Verterão os meus olhos duas fontes,
Nascidas de alegria;
Farão teus olhos ternos outro tanto;
Então darei, Marília, frios beijos
Na mão formosa e pia
Que me limpar o pranto.

Assim irá, Marília, docemente,
Meu corpo suportando
Do tempo desumano a dura guerra.
Contente morrerei, por ser Marília
Quem sentida, chorando,
Meus baços olhos cerra.

(*Marília de Dirceu* – 1ª Parte – Lira XVIII)

Incomodada porque Marília não havia aparecido para o café, justo ela que chegava ao pé do fogão a lenha junto com os primeiros raios de sol, Nhá Chica resolveu dar uma olhadela.

Tão logo entrou no aposento, deparou com o corpo inerte sob as cobertas e um livro a pender em seu peito. Recolheu o livrinho e guardou consigo as leituras secretas das manhãs.

Aos 10 de fevereiro de 1853, os sinos da matriz de Nossa Senhora da Conceição de Antônio Dias anunciaram a morte da musa. Aos 85 anos, quatro meses e seis dias de idade, Maria Dorothea Joaquina de Seixas, a Marília de Dirceu, deixava o Brasil órfão de mais um de seus ilustres personagens. Dona de saúde de ferro, a causa da morte foi falência múltipla de órgãos cansados pelo avançar da idade.

Foi amortalhada com vestes brancas e grinalda de laranjeira – simbolizando a virgindade tão discutida nos dias de hoje. Em funeral realizado à noite, ela foi sepultada na capela-mor da matriz de Antônio Dias, na jazida de número onze da fábrica, ou seja, da irmandade, de frente ao altar-mor. Dele participaram o governador, autoridades civis e militares, freiras e padres de todas as paróquias, e uma multidão de curiosos que, não lhe tendo visto em vida, lá estiveram para aproveitar a última oportunidade de conhecê-la.

Anos depois, em 20 de abril de 1955, o presidente Getúlio Vargas determina a exumação dos despojos de Maria Dorothea para serem depositados no panteão do Museu da Inconfidência Mineira, onde finalmente repousa em companhia de Gonzaga.

Num novo cortejo até a Ordem Terceira de São Francisco, Marília passou por entre as vielas de Ouro Preto, em busca da paz que em vida jamais pôde encontrar.

Morre Marília, permanece o mito – pelo menos enquanto houver corações sensíveis ao amor e à poesia.

Mitos e lendas

É fácil ouvir nos círculos literários que Marília nada seria sem Dirceu, pois só ficou conhecida na história graças ao poema de Thomas Antonio Gonzaga. Ela seria, então, um apêndice do poeta.

Há algumas pesquisas que insinuam o contrário. Antonio Candido, no livro *Formação da Literatura Brasileira*, afirma ser impossível compreender tal produção se não se tiver em vista que ela surge do fato de ele ter se apaixonado por Dorothea e conhecido Cláudio Manoel. Ele diz ainda da presença marcante da personagem Marília na obra que "de tão forte chega a ser física".

O poema não foi o primeiro de Gonzaga; no entanto, é o de maior expressão e surge num período de crise afetiva e política. E, mesmo considerando a hipótese de algumas liras dedicadas a Marília terem sido escritas anteriormente, a poesia de Gonzaga tomou corpo somente no momento em que a bela Dorothea entrou em sua vida.

Que me perdoem os historiadores de Gonzaga que afinaram o romance do pastor com a musa mineira em acorde menor, pensando que menosprezar a influência de Maria Dorothea na vida e obra do poeta enalteceria o artista. A criatividade de Thomas Gonzaga é incontestável, e a beleza de suas liras garante a ele o lugar de poeta mais famoso do Brasil colonial, embora fosse português.

Os que supõem terem existido outras tantas musas como fonte de inspiração para o monumental *Marília de Dirceu*, contribuem, na verdade, para desconstruir o lado imaculado da personalidade de Gonzaga – a capacidade de amar – e erguer-lhe uma feição prosaica e obscura. O poeta, embora tendente à volúpia, não só conheceu o amor colossal por meio da mineirinha de Vila Rica como o registrou na história e o divulgou entre seus contemporâneos. Houve outras mulheres na vida do poeta? Sim, é óbvio. Uma ou outra abalou seus sentimentos mais íntimos? Pouco provável – isso para não afirmar, com veemência, que o alvo dos versos apaixonados de Thomas Gonzaga foi um só: Maria Dorothea Joaquina de Seixas.

Criar mitos não é difícil; maledicências, tampouco. Basta uma narrativa apoiada na fábula para gerar frutos de árvores que sequer nasceram. Como é o caso, por exemplo, da lenda de *Marília-mãe-solteira*. Talvez o maior difusor da versão de Marília mãe e também avó tenha sido Olavo Bilac. Sobre uma das penas mais brilhantes que o Brasil conheceu, a tradição oral diz ter sido a difamação um ato de vingança do poeta para com a cidade de Ouro Preto – donde se vê que a obra nada tem que ver com a personalidade do criador. Ora, sabe-se que Olavo Bilac, além de genial, era genioso, e muito; que ele não engoliu a hostilidade sofrida em Ouro Preto, onde teve grande dificuldade para escapar de uma multidão enfurecida.

Famoso por suas brincadeiras de mau gosto, Olavo Bilac, durante seu exílio voluntário em Ouro Preto, viu num hóspede do hotel em que morava a oportunidade para uma de suas exibições. Surrupiou a carteira do hóspede, e este, em idade avançada, reagiu ao ultraje de maneira rabugenta. Enfurecido, Bilac o pegou pelo colarinho e obrigou a pedir perdão de joelhos. O saguão do hotel Martinelli parou para ver a cena lamentável. Acontece que o tal homem, um tradicional fazendeiro da Zona da Mata, envergonhado da humilhação que passara, suicidou-se em seguida. Dois filhos do fazendeiro e alguns amigos cercaram o hotel, ameaçando e insultando o agressor. Conta-se que, se Olavo Bilac não tivesse fugido, provavelmente teria sido linchado. De lá, Bilac saiu às pressas e mais apressada correu sua pena para maldizer contra a cidade e seus cidadãos – conforme cópia de uma antiga correspondência enviada à tradicional família Bretas de Andrade, de Ouro Preto:

> *Vê que decepção a minha; acreditava eu no que me haviam dito da hospitalidade, da bravura, da generosidade do povo de Ouro Preto; fiz a esse povo, em bem, o que pude fazer: não me pesa na consciência a recordação de uma única incivilidade praticada por mim durante o tempo em que aí estive. E, de repente, quando menos pensava, vi que esse povo heroico, esse povo hospitaleiro, esse povo generoso tinha no seu seio mais de mil covardes, mais de mil imbecis, capazes de fazer o que fizeram. Tudo isso é tão torpe, tão pequenino, tão miserável, que, se não me alentasse o desejo de me vingar, já teria, num minuto de náusea suprema, enterrado uma bala na cabeça.*

Esse texto não foi o único ato de vingança. Olavo Bilac, baseado nos escritos equivocados do viajante inglês Richard Burton, destilou o restante do seu ódio sobre a figura que a tradição ouro-pretana mais estimava: Marília. As acusações que publicou por diversas vezes sobre ela, como as divulgadas no seu livro intitulado *Crítica e fantasia*, tiveram apoio não em fontes primárias, mas no ardor de um punho vingativo e irado.

Richard Francis Burton, o explorador e orientalista britânico, um dos primeiros a citar Marília, e fonte de inspiração do poeta carioca, esteve em visita a Ouro Preto em 1867 (vinte e seis anos antes do episódio Bilac). Lá ele colheu informações que publicou em seu diário de viagem, intitulado *Viagem do Rio de Janeiro ao Morro Velho* (1976, p. 303). Na publicação cometeu falhas grotescas, como registrar erroneamente a data de nascimento de Marília, o verdadeiro nome dela, a idade de Gonzaga quando a conheceu, quem denunciou a conjura e, pior, incluiu personagens na história que nela nunca estiveram envolvidos.

> *No fundo da depressão ao pé da montanha, e tendo atrás árvores frondosas, há um prédio sem beleza, comprido, baixo, coberto de telha e caiado de branco, muito parecido com uma confortável casa de fazenda. Ali morou e morreu Marília, cujo nome profano era Maria Joaquina Doroteia de Seixas Brandão, a heroína local, Beatriz, Laura ou Natércia, e que, por pouco, escapou de ser a Heloísa de Minas. Era sobrinha do tenente-coronel João Carlos da Silva Ferrão, ajudante de ordens do governador. Os livros nos dizem que era descendente de uma das principais famílias da terra, mas isso é negado por alguns ouro-pretanos. Nascida em 1765, aos quinze anos foi prometida pelo tio, um zeloso realista, ao poeta Gonzaga, então com 44 anos, e há uma lenda no sentido de que sua beleza apressou o trágico desfecho da Inconfidência. Um*

certo coronel Montenegro (sic), quando censurou-a por ter preferido, a um nobre de fortuna e posição, um pobre homem que escrevia livros. Ela, em impulso juvenil, retrucou que preferia a inteligência ao dinheiro e Montenegro. Este Montenegro denunciou a conspiração, por uma carta, ao Visconde de Barbacena, que, ao lê-la, empalideceu, colocou-a embaixo da mesa e saiu da sala. Encontrava-se presente, por acaso, seu primo, o frei Lourenço, o eremita do Caraça: a missiva caiu no chão, e o frade, ao apanhá-la, leu-a de relance. Saindo, procurou apressadamente os amigos, contou-lhes a traição e aconselhou-os a fugir. Eles, contudo, resolveram antecipar o movimento e, saindo armados pelas ruas, tentaram dar o grito de Liberdade. O governador, que, sendo amigo de muitos dos acusados, estava disposto a se afastar de seu cargo, foi, assim, obrigado a agir...

Infelizmente para o romance, Heloísa foi infidelíssima a Abelardo, como Abelardo foi infiel a Heloísa. Os amantes que morte não poderia separar e cujos protestos de constância escritos foram inúmeros, separaram-se depois da descoberta da rebelião; isso é facilmente explicável: entre os Inconfidentes, falara-se da necessidade de remover a cabeça do enérgico ajudante de ordens. Os dois tiveram, contudo, licença de se despedirem para sempre, e a cena foi dolorosa, segundo dizem. E ambos fizeram o diabo, depois disso. Um certo Dr. Queiroga, ouvidor de Ouro Preto, teve a honra de suplantar o poeta Gonzaga, mas não com ternura legalizada. Dele, D. Maria Dirceu, como era chamada, teve três filhos: Anacleto Teixeira de Queiroga, Maria Joaquina e Doroteia, todos de olhos azuis e cabelos louros. Em Ouro Preto ela é hoje, talvez, mais conhecida como a mãe do dr. Queiroga. Nos últimos anos, viveu reclusa, só saindo de casa para ir à igreja, e morreu com a idade de oitenta anos.

Em seu leito de morte, disse ao confessor: "Ele foi separado de mim quando eu tinha dezessete anos". Os que a conheceram bem a descrevem como sendo de baixa estatura e conservando, apesar da idade, feições delicadas e uma boca risonha e breve, e dizem que seus olhos eram azuis e que os cabelos, tornados brancos, tinham sido meio louros. Seu amante, curioso é dizer, fez as madeixas quatro vezes tingidas do azeviche da noite e em quatro outras cachos de ouro, e o autor da edição favorita das liras o defende, como só os amigos podem defender.

O próprio Burton não tinha certeza sobre o que escrevia, tanto que, em notas do capítulo, disse ele: "O leitor não deve esquecer-se de que tudo isso é mera tradição local, registro-a devido à sua vasta difusão entre o povo".

A ideia de Marília ser mãe solteira era muito difundida aos visitantes de Ouro Preto. Talvez pelo despeito das pessoas por um sobrinho bastardo, que nem o sobrenome da família carregava, haver sido contemplado com a herança dos Ferrões. Percebe-se no testamento original certa intimidade ao referir-se a Anacleto, pois em nenhum momento ela o chama de "Senhor", nem ao menos pelo título de "doutor", mesmo sendo ele médico formado. Isso denota intimidade maior do que haveria de existir na realidade, pois Anacleto e Marília não eram próximos. De onde se originou tamanha familiaridade? Do fato de ele ser o rejeitado da irmã que Marília tinha como filha.

O que causou estranheza foi o fato de alguém, que vivia longe do convívio de Dorothea, ter sido nomeado como principal testamenteiro, quando, na verdade, até por questão de justiça, deveria ter sido Francisca de Paula, por se tratar de pessoa íntima, que cuidara de Marília nos últimos vinte anos. O motivo é envolto no mais absoluto mistério, e se houve alguém que o conhecia jamais revelou, o que faz dessa parte do testamento um intrincado de especulações por aqueles que pretenderam desvelar tal enigma.

A culpa pela divulgação dessas notícias não cabe apenas a Burton e a Bilac. Notas saídas de jornais e de diários, como as do próprio imperador D. Pedro II, deram corpo à lenda: "19 de abril [...] Segui até o chafariz da ponte para ver a neta de Maria de Dirceu (*sic*), mulher de Carlos de Andrade, que fica perto. Apareceu à janela. É elegante e graciosa, porém não é beleza, tem ares de inteligente" (*Diário de viagem do Imperador a Minas Gerais*, 1881).

O imperador se referia a Francisca Lídia de Queiroga, a filha de Anacleto, casada com Carlos de Andrade, que por essa época estaria de passeio em Ouro Preto ou viveria na casa, herança de família. Em outro texto, a notícia partiu de um jornal carioca: "Ouro Preto, 17 de janeiro. Faleceu o major Pedro Queiroga, neto de Marília de Dirceu, vítima de lesão cardíaca. Era oficial maior aposentado da Secretaria do

Interior, dotado de inteligência e por todos respeitado" (*Jornal Diario do Commércio*, Rio de Janeiro, edição de 1893).

A nota era referente a algum dos netos de Anacleto, que viveria no Rio de Janeiro, sendo ele um dos filhos de Minervina Brasida de Queiroga ou de Francisca Lídia de Queiroga.

Todos davam como certo que Anacleto era filho de Marília, porque ele era o principal herdeiro da tia. Mas se Burton ou Bilac tivessem se dedicado a pesquisar um pouco mais, descobririam que na Ordem Terceira de São Francisco de Ouro Preto Marília foi recebida como noviça, em dois de agosto de 1793, poucos meses antes do nascimento de Anacleto. E... quanto ao apostolado rígido das virtudes dessa ordem, não carece de comentários, visto que seus membros eram rigorosamente investigados antes de serem aceitos ao noviciado. E jamais Marília se apresentaria para o noviciado com a barriguinha protuberante ou seria recebida na Ordem em convalescência de parto.

Nos documentos, livro dois, folha 211, consta que Marília foi recebida na Ordem como noviça em 2 de agosto de 1793 e professou em 18 de março de 1795. Já no livro terceiro da Irmandade, folha 122 verso, podem-se ler os lançamentos e contas de doações (assentamentos) que foram registrados entre 1833 e 1852. Os registros comprovam que Marília cumpriu os votos exigidos pelo processo, inclusive o voto de castidade e guarda virginal juramentada pelas mulheres beatas, entregues ao noviciado de São Francisco.

Por fim, quando Anacleto nasceu, Marília contava 28 anos e era uma das belezas mais invejadas de Vila Rica. Não seria difícil para ela conseguir um casamento digno se assim desejasse. Portanto é improvável, para não dizer impossível, que Marília tenha subjugado sua honra ou a da família, envolvendo-se com um homem ardiloso como foi Manoel Teixeira de Queiroga, o dizimeiro.

Outra lenda intrigante sobre Marília é a que a identifica ao embuçado da Inconfidência Mineira. Trata-se de um misterioso personagem que, numa tentativa de salvaguardar os conjurados, alertou-os sobre a descoberta da conspiração e a repressão que se anunciava. Contava-se que uma figura encapuzada bateu à porta de Cláudio Manoel e Thomas Gonzaga para preveni-los da denúncia, na tentativa de que ambos fugissem. O fato foi apurado pelos interrogadores da devassa, mas deu margem a todo tipo de questionamento, principalmente de quando, como e quem teria alertado os conjurados sobre a prisão de Tiradentes e a intenção de capturar os outros inconfidentes. Os depoimentos colhidos diziam da figura do embuçado, porém não esclareciam sua identidade. Talvez para proteger tal pessoa, talvez porque na escuridão dos becos de Vila Rica não se pudesse ver grande coisa.

> *[...] Logo que foi preso o desembargador Thomas Antônio Gonzaga, em uma dessas noites, estando ele, testemunha, em sua casa, onde também se achavam Manoel Fernandez Coelho e o capitão Luiz Antônio de Freitas, este assistente que era na casa do dito desembargador, aí batendo à porta dele, testemunha, e perguntando quem era, responderam que queriam falar ao referido Freitas. E saindo este, quando tornou a entrar, contou*

ele, testemunha, e ao mencionado Fernandes, que uma preta forra por nome Antônia, segundo sua lembrança, da casa do mesmo doutor desembargador, lhe dissera que à casa do dito naquele instante havia chegado um rebuçado ao qual lhe disse que participasse à família daquele desembargador que fugisse, porque aquela noite haviam de ser presos. E estando-se nesta conversa, o dr. Cláudio Manoel da Costa, que morava vizinho dele, testemunha, lhe mandou pedir que chegasse à sua casa. E indo, com efeito, lhe contou este que um rebuçado naquela ocasião, antes dele testemunha chegar, lhe tinha dito que fugisse, porque ouvira dizer que ele, testemunha, se conhecia o tal rebuçado, o mesmo lhe respondeu que não, acrescentando que lhe parecia aquele aviso de algum inimigo que queria que ele fugisse só para fazer o culpado do crime que não tinha [...] (Autos da devassa, livro 2, página 237. Depoimento de José Veríssimo da Fonseca, Escrivão da Ouvidoria).

[...] É verdade o referido, porquanto passados já alguns dias depois de ter sido preso o desembargador Thomas Antônio Gonzaga, em cuja casa assistia ela, testemunha, e ainda se conversou algum tempo depois, em certa noite, seriam nove horas pouco mais ou menos, batendo a porta e indo ela, testemunha, ver quem era, topou com um vulto que bem não distinguiu se era homem ou mulher por vir rebuçado e com chapéu desabado na cabeça, carregado sobre os olhos, o qual lhe disse que avisasse ela, testemunha, a um moço que ainda residia naquela casa e tinha

sido criado do dito desembargador Gonzaga, dando-lhe os sinais de quem era, que se acautelasse e fugisse, porque o queriam prender, e que já nessa noite não dormisse em casa. E desaparecendo o dito vulto, persuadida ela, testemunha, que aquele moço era sem dúvida um Luiz Antônio de Freitas, que àquela hora se achava em casa de José Veríssimo, escrivão da ouvidoria, logo o foi avisar do que se tinha passado. E é quanto sabe ela, testemunha, a este respeito; sendo certo, como já disse, que não pode conhecer quem fosse aquele embuçado, pelo disfarce e cautela com que lhe falou, e ser de noite [...] (Autos da devassa, *livro 2; página 238. Depoimento de Antônia da Costa, assistente forra da nação Mina)*

Uma semana após a prisão de Tiradentes, por volta das oito horas da noite, no dia 18 de maio de 1789, Cláudio Manoel recebia visitas em sua residência. Logo que se despediu, foi abordado por uma pessoa disfarçada em trajes de mulher. A figura, que estava oculta sob capa preta e um enorme chapéu, informou-lhe que a conjura havia sido descoberta pelas autoridades e que Tiradentes fora preso no Rio de Janeiro. Ao deixar a porta de Cláudio Manoel, o embuçado atravessou a rua e se dirigiu à casa de propriedade de Manoel José da Costa Mourão, onde se hospedava Gonzaga, para lhe dar o mesmo aviso. Mas por não havê-lo encontrado, deixou recado com a negra velha, Antônia, caseira de Gonzaga. Em seguida subiu a rua do Ouvidor, atravessou a praça em sentido à rua das Flores, na intenção de bater à porta do inconfidente Domingos de Abreu Vieira, tenente-coronel e compadre de Tiradentes.

Na pressa, cometeu o equívoco de bater na casa vizinha, pertencente a Diogo Pereira Ribeiro de Vasconcelos, que jantava com dois amigos. Foi a esposa de Diogo, Maria do Carmo, que atendeu à porta. Ao vê-la no topo da escada, o embuçado voltou-lhe as costas e se precipitou degraus abaixo, em fuga. Assustada, Maria do Carmo pôs-se aos berros e todos vieram acudi-la. Mas o embuçado já havia desaparecido entre a névoa.

Alguns historiadores associam a figura do embuçado a um emissário do Visconde de Barbacena, o que é estranho, visto que o Visconde esperara quase uma semana para alertar os amigos. Outros autores narraram o fato de maneira pitoresca, ligando o vulto do embuçado à pessoa de Marília, como é o caso de Eduardo Machado de Castro em sua monografia *A Inconfidência Mineira*. Ou ainda, o escritor Orestes Rosolia (1941, p. 351-353), autor do romance *Marília, a noiva da Inconfidência*, que na parte do embuçado, insinua Marília recebendo um bilhete da escrava Bernardina e em seguida vestindo-se para sair pela noite em busca de Gonzaga:

> *"Dorothea, creia em mim e faça fugir Gonzaga hoje mesmo. Sei que amanhã cedo ele será preso pelo tenente coronel Rabelo. Creia em mim, peço-lhe."* [...] *O embuçado subira de Antônio Dias e viera, primeiramente, bater às portas de Cláudio Manoel e depois na de Gonzaga, conforme depoimentos. O casamento de Gonzaga estava marcado para o dia 30 de maio, sábado, isto é daí a 12 dias; portanto, tudo leva a crer que o embuçado poderia ser uma mulher, conforme alegação de Cláudio Manoel e da negra Antonia. Somente uma pessoa poderia*

desempenhar esse papel, tomada portanto de grave pavor e espanto: Maria Dorothea Joaquina de Seixas, a Marília de Dirceu.

A lenda da aliança de noivado de Marília é digna de registro. Inicia-se com as aventuras de Inácio Pinheiro, um dos caçadores do tesouro dos inconfidentes, cuja busca foi pauta da revista *O Cruzeiro*, que publicou em 10 de janeiro de 1953 a seguinte reportagem:

> *O mineiro de Muriaé, Inácio Pinheiro, era um pacato dentista prático em Barbacena, quando em 1936, remexendo um velho baú deixado por seu falecido pai, encontrou vários mapas acompanhados de manuscritos, que falavam sobre tesouros enterrados e como encontrá-los. Estava apenas procurando músicas antigas para uma moça, que desejava enviá-las para um concurso promovido por uma rádio do Rio. Não se lembrou mais das músicas. Mas sua vida trocou de ritmo e compasso: deixou Barbacena e mudou-se para Ouro Preto a fim de iniciar sua busca. Meses depois, voltou, para levar a mulher e os dois filhos. Antes passou um ano no Rio de Janeiro tentando obter a ajuda do Governo para levar avante a empreitada. Só perdeu tempo e dinheiro, além de ganhar muita amolação. Desiludido, resolveu começar a empresa por sua conta e risco, em 1941.*

Inácio Pinheiro passou treze anos no Pico do Itacolomi, numa busca solitária. Obstinado, sofreu frio e fome, mas não desistia de encontrar o mitológico tesouro dos inconfidentes que, segundo ele, estava escondido na Serra do Itacolomi com mais de uma tonelada em barras de ouro, além de diversos baús que escondiam a biblioteca de Cláudio Manoel da Costa. Pinheiro perambulou de casa em casa em Ouro Preto em busca de alguma pista. Ao vasculhar a casa do ouvidor Gonzaga, encontrou, atrás de uma pedra solta, próxima ao batente de uma das portas, um grande pedaço de couro, enrolado e amarrado. Ao desenrolar o pacote, pensando haver achado barras de ouro, deparou-se com a aliança que Gonzaga comprara para presentear a noiva no dia do casamento. Assim, a mesma revista *O Cruzeiro*, na página 30, deu destaque ao assunto da aliança de Marília com uma fotografia de página inteira em que posava Maria das Mercês, a filha de Inácio, exibindo o anel. Ao pé do retrato, lê-se a seguinte chamada: "Sua filha, a senhorita Maria das Mercês Pinheiro, usa linda aliança antiga. Inácio Pinheiro afirma que se trata da aliança que o poeta e desembargador Thomaz Antônio Gonzaga ofereceu a sua noiva Marília. O caso de amor mais famoso do Brasil no crepúsculo do século XVIII".

Se é verdadeira a história de Inácio Pinheiro, não se pode afirmar. O fato é que Gonzaga, ao ficar noivo de Marília, ainda morava na casa da ouvidoria. Na fotografia, observa-se que a aliança na mão de Maria das Mercês tem traços e desenhos que indicam ser peça típica e legítima do século XVIII. Outra coincidência é que as flores desenhadas em relevo na aliança são idênticas às entalhadas na cabeceira da cama encontrada numa casa na região de Itaverava, que a tradição diz ter pertencido a Marília, quando ela morou nessas terras.

Por outro lado, ao transmitir ao sucessor o cargo e mudar de residência, teria Gonzaga deixado para trás objeto de tanto valor afetivo?

A peça faz parte do acervo do Museu da Inconfidência, mas este, apesar de mantê-la em exposição permanente, não garante ser a aliança de noivado de Marília.

Quanto à casa em que Marília conheceu Gonzaga ter sido a Casa Grande, não passa de outra lenda. As histórias contadas ou escritas sobre o assunto acabaram por se confundir sobre as casas de Marília. A confusão teve início quando Thomaz Brandão investigou a qual casa se referia Gonzaga na lira 37 – 2ª parte:

> *Entra nessa grande terra,*
> *Passa uma formosa ponte,*
> *Passa a segunda, a terceira,*
> *Tem um palácio defronte.*
> *Tem o mesmo ao pé da porta*
> *Uma rasgada janela;*
> *É a da sala aonde assiste*
> *A minha Marília bela.*

Em sua pesquisa, Brandão (1932) acertou a localização da casa, mas errou na sua identidade.

> *Certo de que sua permanência em Vila Rica seria definitiva ou pelo menos de longuíssima duração, tratou Bernardo Ferrão (avô de Marília), logo que ali chegou, de construir casa cômoda para sua família. Por esse tempo (1744) o palácio dos governadores e o quartel*

dos dragões ficavam em Antônio Dias. Influenciado talvez por esta circunstância, comprou uns casebres que ocupavam naquela freguesia excelente terreno, e neste edificou vivenda, numa pequena elevação ao lado direito da ladeira Vira-Saia, e fronteira à igreja matriz. Era um prédio de construção simples e aspecto severo, de um só pavimento, assentado sobre base alta. Tinha na fachada oito janelas amplas envidraçadas, e no centro destas a porta principal, com patamar a que se subia por uma escada de pedra de poucos degraus. A área que a circundava era toda murada de pedra e ocupada por horta, jardim, pomar e pátio. Havia ali senzalas, cavalariças e coberta para resguardo de carruagens e arreios. No interior havia muitos quartos, salas espaçosas e mais compartimentos acessórios. Em frente à sala de visitas ficava a capela da família. Atentas suas avantajadas dimensões, deu-lhe o povo a denominação de Casa Grande. Depois da morte da noiva de Gonzaga, em 1853, começou o povo a chamar-lhe Casa de Marília.

O texto está correto, à exceção do trecho em que Brandão denomina a residência de "Casa Grande"; pois a casa que foi palco do idílio chamava-se Solar dos Ferrões (Casa do Chafariz) – onde Marília viveu a adolescência. Já na Casa Grande, herdada pelo tio João Carlos, ela passou a velhice e lá morreu.

É Salomão de Vasconcelos que desfaz a confusão, por meio de artigo publicado na *Revista do Instituto Histórico e Geográfico de Minas Gerais* (1960), com base em dados do Arquivo Público Mineiro:

Certo, assim, de ter havido engano do ilustre escritor [Thomaz Brandão] quanto à identidade do prédio, fomos revistar os velhos livros de foros de Ouro Preto, desde a sesmaria (1736), até a era de 1800.

[...]

A paragem por ele indicada (ladeira do Vira-Saia, em frente à Matriz) coincide perfeitamente com a linguagem dos acórdãos. Mas a servidão mandada reservar no primeiro acórdão é prova mais que robusta de que os terrenos de Bernardo da Silva Ferrão compreendiam também a esquina do ponto onde se fez o Chafariz e onde se deixou a área acessória para o chamado Largo de Dirceu que até hoje existe.

[...]

Esse prédio, porém, quer pelo ponto quer pelo aspecto da obra que lá existe até hoje, só poderia ser o sobrado do Chafariz (Solar dos Ferrões), este sim, uma verdadeira casa apalacetada como convinha a uma família numerosa e de tratamento como era; a sua construção, essa de fisionomia francamente colonial e consoante ao estilo do século XVIII.

[...]

É, pois, concludente que Thomaz Brandão se teria enganado apenas quanto à identidade do prédio, que, aliás, ele mesmo classificou de construção simples e só cognominada de Casa Grande pela voz popular.

Em Ouro Preto é comum ver turistas à porta do Solar dos Ferrões, pensando estar à frente da residência onde Marília faleceu. Na realidade, ela teve quatro casas: a primeira, onde nasceu e viveu até os oito anos, situava-se na rua Direita (atual Conde de Bobadela, 41); a segunda, onde passou a adolescência e noivou com Gonzaga, fica de frente à ponte de Antônio Dias, e no muro que a circunda está o famoso chafariz de Marília. A terceira residência foi a sede da fazenda Fundão das Goiabas, em Itaverava. Finalmente, a que a acolheu nos seus últimos anos, conhecida como Casa Grande ou "Casa de Marília", herdada do tio João Carlos, foi demolida em 1927. No seu lugar foi construída a Escola Normal Marília de Dirceu e, atualmente, após novas reformas, é sede da Escola Estadual Marília de Dirceu de Ouro Preto.

Como as casas de Marília despertaram curiosidade por causa de uma das liras de Gonzaga, é prudente esclarecer, tendo em vista que antigamente a entrada de Ouro Preto era pelo bairro das Cabeças, que "a formosa ponte" é a ponte do Rosário; a segunda, é a ponte São José (ponte dos Contos), a qual se atravessava para entrar na Freguesia de Antônio Dias. Finalmente, a terceira refere-se à ponte de Antônio Dias (atual ponte de Marília ou dos Suspiros). E o único prédio com aspecto de "palácio" e de características coloniais que há bem "defronte" a essa ponte é o Solar dos Ferrões (Casa do Chafariz), onde atualmente se encontra a sede do Clube XV de Novembro.

Não se pode discorrer sobre as casas de Ouro Preto sem mencionar o Barroco. Enquanto que na Europa as construções barrocas se associavam à exuberância, no Brasil eram marcadas por profunda sobriedade, não obstante deixando entrever um "sabor popular" que desfigurava desde sempre os padrões eruditos, configurando-se como experiências legítimas de recriações.

O considerável patrimônio que os jesuítas legaram ao país, junto de dois séculos de trabalho penoso e constante, poderá não ser, a rigor, a contribuição maior nem a mais rica, nem a mais bela, no conjunto arquitetônico que nos ficou do passado. É, contudo, uma das mais significativas.

No Brasil, onde a atividade dos padres, já atenuada na primeira metade do século e definitivamente interrompida em 1759, essas obras são a representação do que temos de mais "antigo". Longe de ser uma arte bastarda, como pretendem alguns, o movimento foi uma nova concepção plástica onde o frontão já não era mais tão somente uma empena, a coluna um apoio, a arquitrave uma viga, mas simples formas de que os arquitetos se serviam para dar expressão e caráter às construções.

Os responsáveis pelos projetos arquitetônicos da Colônia ficaram, em grande parte, no anonimato. Alguns pertenciam às ordens religiosas como a dos beneditinos, franciscanos e carmelitas, que possuíam em seus quadros arquitetos e construtores notáveis. Houve também os engenheiros militares – esses não ergueram apenas fortes, mas foram responsáveis por delinear povoamentos, edifícios administrativos e até construções religiosas como a igreja matriz Nossa Senhora do Pilar, concluída por volta de 1733, segundo o projeto do engenheiro-militar Pedro Gomes Chaves. Já a casa do Ouvidor, representação típica do barroco mineiro, é uma construção de arquiteto desconhecido.

A casa oferecia todo o conforto de que a época dispunha, desde longos capachos de pedras na entrada para reter o barro, perpassando por cômodos grandes e arejados que protegiam os moradores de doenças respiratórias tão comuns na Capitania, até garagem coberta que abrigava a liteira usada para carregar o ouvidor ao palácio do governo. Ainda que a distância entre ambas as propriedades fosse pouco mais de três quadras, nada deixava Gonzaga mais irritado do que a lama a grudar nos sapatos.

O número de janelas e portas definia a condição social do proprietário, e o palacete em que Gonzaga morou possui, além da grande porta no primeiro andar, seis portas-janelas frontais no segundo piso, cujas sacadas eram iluminadas em noites de saraus e banquetes para ostentar o prestígio do morador. Composta por uma fachada sóbria tanto no seu interior quanto no exterior predominam madeiras que o risco de extinção transformou em verdadeiras relíquias, como o assoalho de angelim e os dormentes de aroeira e peroba. Numa dessas sacadas, a que divisa com uma das quatro sacadas da casa vizinha, Gonzaga, em noite de festa, se debruçava em busca da mão de Marília e da sua compreensão quanto a mais uma das inúmeras recepções que ele, o ouvidor-geral, *tinha* que oferecer à sociedade vila-riquense.

Para seduzir a sua musa, o poeta soube usar os pontos estratégicos que a divisa das casas oferecia. Se fossem planejados não seriam tão perfeitos – até o quarto de Gonzaga situado a poucos metros do quarto onde Marília dormia quando se hospedava na casa da tia Antônia Cláudia, foi verdadeiro presente dos deuses, propiciando aos apaixonados flertes fortuitos pela janela, mas bem discretos para não abalar a moral setecentista. Outro local estratégico era a lavanderia do palacete, que, margeando os dois aposentos, facilitava à jovem observar o ouvidor enquanto ele *conferia* a lavação das vestimentas.

Se o idílio deu novas funções às dependências da ouvidoria, a poesia foi responsável pela construção de um novo recinto: o jardim suspenso. Afinal, para a composição das liras, fazia-se necessário um lugar atraente e silencioso, onde os aborrecimentos do cargo não interferissem na inspiração. O poeta, unindo o útil ao agradável, mandou construí-lo nos fundos da lavanderia, bem de frente aos canteiros de bromélias, situados no outro lado do muro, que Marília cuidava junto com a irmã Emereciana. Emoldurado pela paisagem inebriante das montanhas e com vista panorâmica do Pico do Itacolomi o jardim, além de fonte de inspiração ao amor e à poesia, serviu também para o cultivo de ervas medicinais indicadas para o tratamento de inflamações do estômago – mal que acompanhou Gonzaga desde a juventude.

Ao adentrar a Casa da Ouvidoria, o visitante dificilmente contém a imaginação – ninguém caminha sob aquele teto e de lá sai impunemente, pois as confissões de amor saltitam no assoalho secular. Aos menos criativos, mas não menos sensíveis, a casa exibe um busto de Marília que reúne os fragmentos do passado com maestria. Esculpido em bronze pelo artista carioca Evandro Carneiro, o busto, inaugurado em 2011, impressiona pela dramaticidade. Tudo nele conta, sem declarar, a história de Marília e seu exílio amoroso, desde a máscara de ferro que oculta suas feições, simbolizando uma personagem prisioneira do seu tempo, até o "canoro passarinho" pousado acima do seio esquerdo. No lugar do coração o artista inseriu um "oco" que, numa metáfora visual, elucida o vazio a que Marília foi condenada. Não raras vezes acontece de um ou outro casal de turistas depositar nesse oco suas juras de amor ou apenas os seus nomes, juntinhos um do outro para "dar sorte" como reza a lenda.

Diz a sabedoria popular que quem conta um conto, aumenta um ponto. Isso pode ser interpretado como exercício de criatividade ou inclinação à fantasia. Nos anos setecentos, a imprensa inexistia no Brasil, e os poucos livros que circulavam eram impressos em Portugal. Daí a prática de manter a história viva por meio da tradição oral. Nessa diversidade de narrativas, entrava-se em contato com ideias que já faziam parte do patrimônio cultural da humanidade, mas que acabavam se modificando a cada vez que eram contadas.

É comum observar nessas narrativas a criação de personagens típicos da região em que a história se originou, com diferentes nuances ao longo dos anos, pois a tradição oral é uma manifestação cultural que surge de modo espontâneo. E foi essa tradição oral que norteou trabalhos como o de Burton que, infelizmente, se tornou fonte não confiável de pesquisa para alguns autores que o sucederam.

Deixando as lendas de lado e adentrando na casa das curiosidades, é lamentável que Marília, apesar de ter sido agraciada com longevidade excepcional, não tenha testemunhado acontecimentos importantes ocorridos no Brasil, como a iluminação a gás, o telégrafo, e a primeira estrada de ferro brasileira, em 1854 (um ano após sua morte).

Mas o que ela certamente ficaria satisfeita de presenciar seria a Proclamação da República (15 de novembro de 1889), tão sonhada pelos inconfidentes e que somente ocorreu 36 anos após sua morte. No entanto, não se pode ter tudo, e a vida de Marília, embora tenha sido pautada pelo sofrimento e pela perda de quase todos os que ela amou, teve o brilho que ilumina o destino das grandes personalidades. Quanto a isso não há dúvidas: Maria Dorothea Joaquina de Seixas, a *Marília de Dirceu*, foi uma personagem grandiosa, que pertence à história brasileira – para sempre.

◐ Marília costumava passar os dias nessa casa, que foi de sua tia D. Antonia Cláudia. Vizinha à Casa do Ouvidor, foi onde Gonzaga a viu pelas primeiras vezes. A casa fica na Rua Cláudio Manoel, bem em frente ao Largo de Coimbra.

◐ Residência palaciana de Manoel Teixeira de Queiroga, comerciante, dizimeiro e primeiro tenente da cavalaria auxiliar de Vila Rica; o Roquério das *Cartas Chilenas*. O nobre casarão teve sua construção em 1747 e hoje pode ser apreciado no atual Largo de Coimbra. Também foi aqui que funcionou a primeira escola de Farmácia de Minas Gerais e do Brasil.

◐ Vizinha da residência de Gonzaga, essa casa foi do advogado e poeta árcade ultramarino Dr. Cláudio Manoel da Costa, o Glauceste Satúrnio. Ele viveu aqui de 1749 até 1789, quando foi preso por conspiração na Inconfidência Mineira.

◐ Residência que foi do Dr. Diogo Pereira Ribeiro de Vasconcelos (na atual Rua São José, n. 1), onde na noite de 18 de maio de 1789 o mensageiro embuçado bateu por equívoco para alertar os inconfidentes sobre as possíveis prisões.

◐ Casa na Rua dos Paulistas que pertencia ao capitão de cavalaria de Vila Rica, Carlos José de Mello, pai de Carlota Joaquina de Mello, segunda filha de Emereciana e sobrinha de Marília. Foi nesta residência, cujos quintais e jardins davam de fundos para a Casa do Ouvidor, que ocorreu o idílio entre Carlota e o desembargador Dr. Antonio José Duarte de Araújo Gondim, ouvidor da comarca de Ouro Preto, em 1817.

◐ Vista noturna da residência onde morou o sargento-mor Manoel Ferreira da Silva Cintra. Homem de influência no período colonial, exerceu cargos como tabelião e tesoureiro da Câmara por eleição, foi responsável pela venda de bilhetes de loteria, escrivão da ouvidoria e advogado provisionado, nomeado mesmo sem formação. Nas portas desta casa, no dia 13 de julho de 1794, foi deixada a criança enjeitada, o futuro médico Dr. Anacleto Teixeira de Queiroga. O menino, filho de Emereciana com Manoel Teixeira de Queiroga, era sobrinho de Marília e, mais tarde, tornou-se seu herdeiro universal. A casa fica em frente à Igreja Matriz de São Francisco de Assis, igreja em que Marília foi noviça e local designado em seu testamento para seu enterro e descanso final.

⦿ Primeira residência de Marília, quando nasceu. Segundo consta no livro 2 da Comarca de Vila Rica, ainda em 1772, ela, seus pais e irmãos moravam aí. A propriedade faz divisa com a antiga residência do inconfidente Cel. Francisco de Paula de Andrada, casado com a irmã do Dr. José Álvares Maciel, também inconfidente e degredado. O endereço atual é Rua Conde de Bobadela (antes chamada Rua Direita), n. 41.

◐ Solar dos Ferrões, ou Casa do Chafariz – o único palacete assobradado do Bairro Antonio Dias – foi a segunda residência de Marília, que passou a adolescência na companhia da irmã Anna Ricarda e de Valeriano Manso, proprietários e moradores da casa. A residência, que fica em frente à Ponte Antonio Dias, era onde Gonzaga vinha visitá-la e observá-la, dedicando-lhe belas liras.

◐ [...]
Busca um palácio defronte.

Tem o mesmo ao pé da porta
Uma rasgada janela;
É a da sala onde assiste
A minha Marília bela.

(*Marília de Dirceu*, ed. 1845 – Parte II – Lira XXXVII)

◐ Aquarela de um artista amador que retrata a vista do Bairro Antonio Dias e da Casa Grande. Ao pé da obra se encontra a seguinte inscrição: "Vista da casa de Marília de Dirceu em Ouro Preto (ainda viva em novembro). Aquarela de L. R. dos S. P., 1849". Supõe-se que o autor tenha visto, ou mesmo conhecido, Marília em avançada idade, já que, na data em que esta aquarela foi pintada, ela estava com 82 anos.

◐ Bairro Antonio Dias em 1920. Aqui vemos o tamanho do terreno no qual se encontrava ainda intacta a Casa Grande. Segundo os registros do período colonial, a propriedade possuía 20,5 braças de frente e 69 braças de fundos. A braça colonial equivalia a 2,20 m; portanto, toda a propriedade teria 6.846 m².

◉ Vista aproximada da Casa Grande em 1920. Pode-se notar que a demarcação do terreno era feita por cercas simples ou mesmo por vegetação.

◉ Vista frontal da Casa Grande entre 1922 e 1924, período em que intelectuais interessados na preservação histórica estiveram em Ouro Preto. No entanto, a casa já se encontrava deteriorada e servia de abrigo para mendigos.

◐ Vista dos fundos e dos quintais da Casa Grande, 1922-1924.

◐ Vista lateral da Casa Grande, 1922-1924. Aqui se pode ver os porões e a senzala da edificação.

◐ Aldrava da porta da casa de Marília, a qual Gustavo Barroso – que, em 1926, era diretor do Museu Histórico Nacional e primeiro chefe da Inspetoria de Monumentos Públicos Nacionais – declarou ter retirado da casa em ruínas. A peça foi levada por ele como patrimônio histórico para ser integrada ao acervo do museu, onde permanece ainda hoje.

◯ Entre 1918 e 1922 o ministro da Guerra, João Pandiá Calógeras, escolheu os fundos da casa para a construção do quartel do exército, determinando que a casa fosse destinada para o hospital militar.

◯ Detalhe frontal que mostra o estado de abandono e destruição em que se encontrava a casa em 1926.

◯ Os trabalhos de demolição se intensificavam, e a Casa de Marília morria um pouco a cada dia.

◯ Imagem lamentável da destruição total e do descaso com o patrimônio histórico durante inícios do século XX. A demolição total da "Casa de Marília" ocorreu entre 1927 e 1928.

◐ Ponte Antonio Dias, onde podemos observar duas pessoas trajando uniformes. Ao fundo, está a Escola Normal Marília de Dirceu, numa construção recém-terminada, provavelmente em inícios dos anos 30 do século XX, substituindo definitivamente a antiga Casa Grande, ou Casa de Marília.

◐ Hoje, o prédio abriga a Escola Estadual Marília de Dirceu, em Ouro Preto.

◐ A imagem à direita, registrada do ponto de vista da Escola Estadual Marília de Dirceu, nos dá uma ideia da vista que a musa tinha cada vez que abria a porta principal da Casa Grande. A Igreja Matriz da Conceição de Antonio Dias, o morro e a ponte certamente estavam sempre emoldurados pelos batentes da porta da entrada principal.

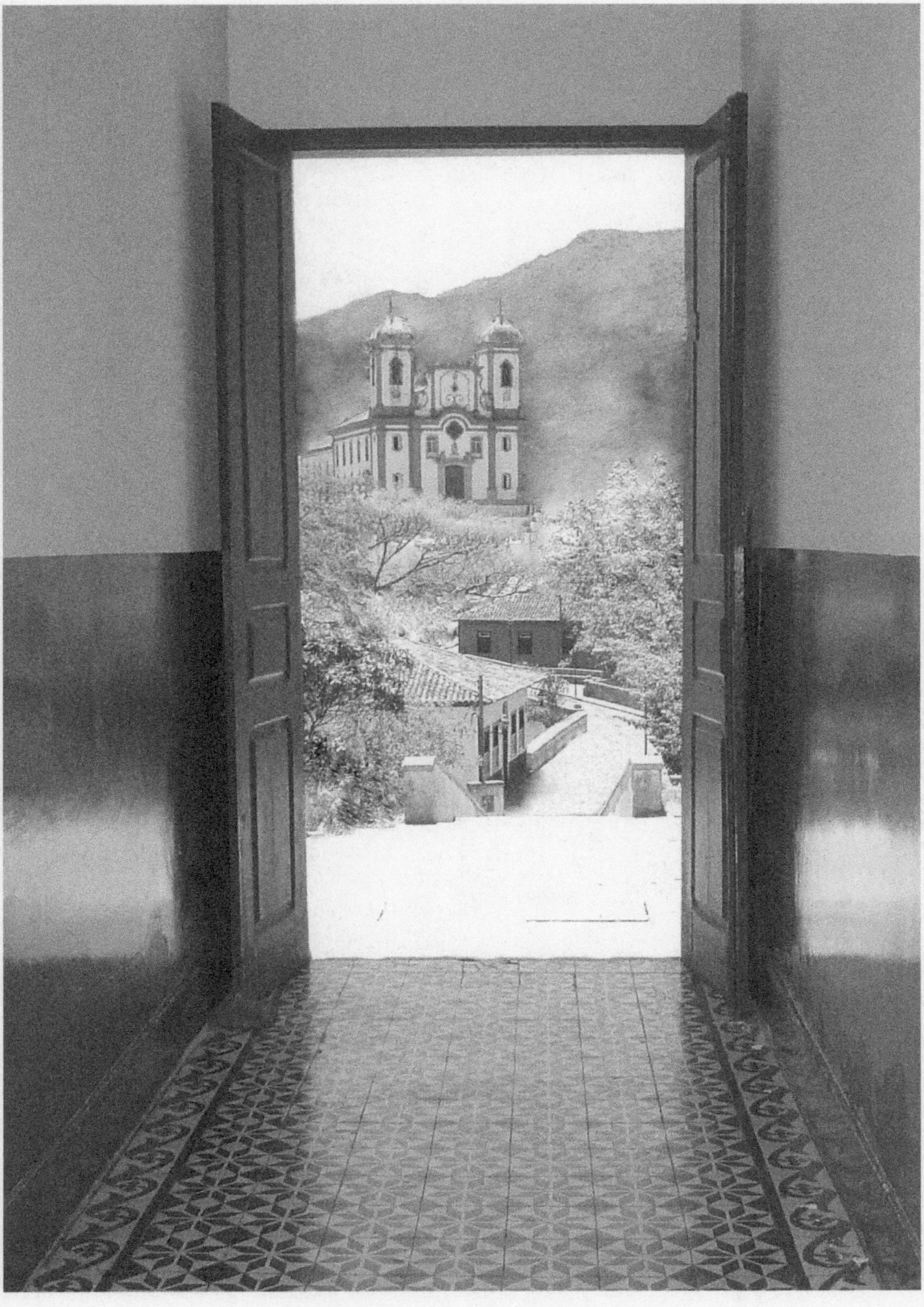

◐ Na imagem da esquerda, vê-se a paisagem ainda inalterada e o morro que dava de frente para a casa-sede da Fazenda Fundão das Goiabas, em Itaverava. Durante os dois anos que esteve reclusa nessas terras, Marília certamente avistou muitas vezes esse morro pelas janelas e varandas da casa. Na imagem da direita, mostram-se ruínas da base em que estava assentada a antiga propriedade. Infelizmente são poucos os vestígios que restaram da fazenda do capitão Balthazar João Mayrink, pai de Marília.

◐ A Matriz de Santo Antônio de Itaverava nasceu de uma pequena capela em finais do século XVII, e teve sua obra finalizada em meados de 1726. Ela foi adornada com maravilhosas pinturas do mestre Ataíde, que ainda podem ser apreciadas pelos visitantes. Aí foram enterrados o pai de Marília, capitão Balthazar Mayrink, e sua segunda esposa, D. Maria Madalena de São José.

❶ *Meu canoro passarinho,*
Se sabes de meu tormento,
E buscas dar-me, cantando,
Consolo e contentamento,
Oh! Não cantes mais, não cantes,
Se queres me ser propício;
Eu te dou em que me faças
Muito maior benefício.

Ergue o voo, os ares rompe,
Procura o porto da estrela,
Sobe a serra, e, se cansares,
Descansa no tope dela.

Toma de Minas a estrada
Na Igreja Nova, que fica
Ao lado direito, e segue
Sempre fito a Vila Rica.

Entra nessa grande terra
Passa uma formosa ponte,
Passa a segunda e a terceira,
Busca um palácio defronte.

Tem o mesmo ao pé da porta
Uma rasgada janela;
É a da sala onde assiste
A minha Marília bela.

(*Marília de Dirceu*, ed. 1845 – 2ª Parte – Lira XXXVII)

Conforme a lira, na época de Gonzaga "a formosa ponte" era a que conhecemos como Ponte do Rosário, ou Ponte do Caquende, tendo em vista que antigamente a entrada para Vila Rica se fazia pelo Bairro das Cabeças. A segunda ponte é sem dúvida a Ponte São José, ou Ponte dos Contos, a qual se atravessava para entrar na antiga freguesia de Antonio Dias. E a terceira – aliás, de espetacular estilo romano – é a Ponte Antonio Dias, atual Ponte de Marília ou Ponte dos Suspiros.

⚬ Restos da Fortaleza São José, na Ilha das Cobras, Rio de Janeiro. Nas masmorras que haviam por detrás destas muralhas, esteve preso, por crime de lesa-majestade, o Dr. Thomas Antonio Gonzaga, entre 1789-1792.

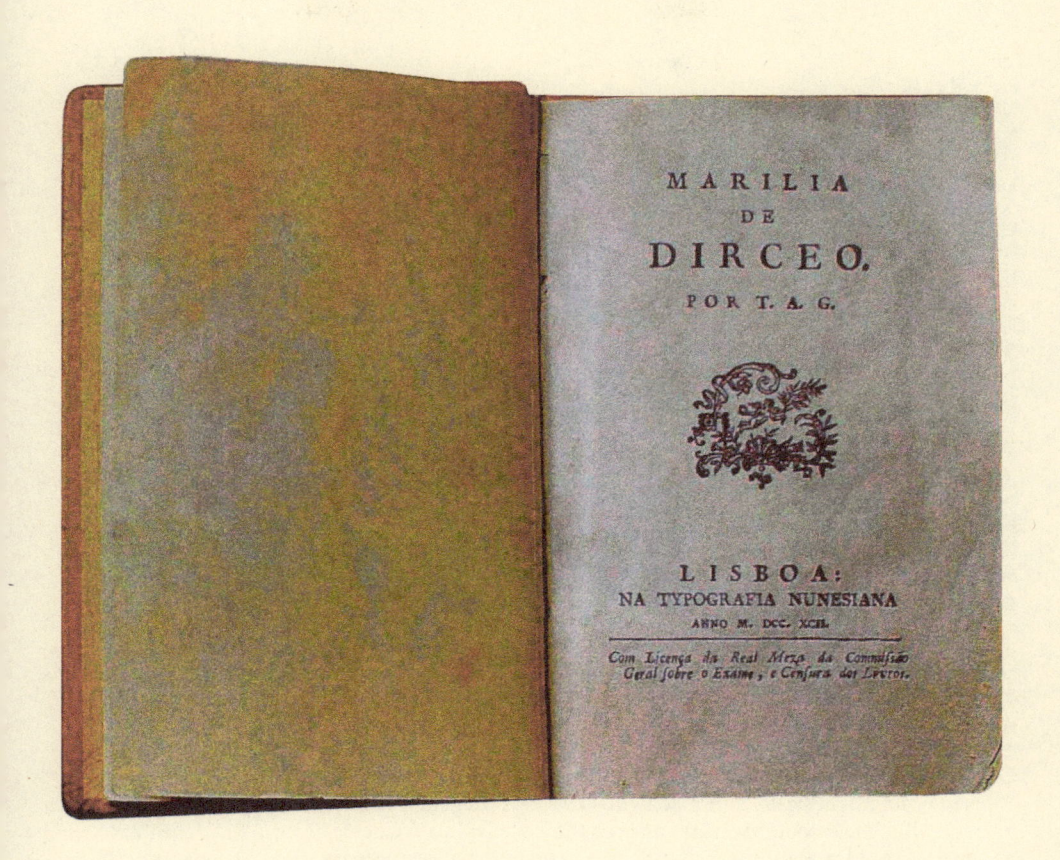

◐ A primeira – e rara – publicação de *Marília de Dirceu*, de 1792, pela Tipografia Nunesiana de Lisboa. Nessa época, Thomas Antonio Gonzaga, com 48 anos de idade, já se encontrava no degredo em Moçambique, enquanto Marília amargava seu exílio voluntário na Fazenda Fundão das Goiabas, em Itaverava. Um exemplar desta edição pode atingir cifras acima de US$ 40.000. Certamente, Gonzaga, ao saber da primeira edição lançada em Lisboa, lembrou-se de um verso de suas liras:

"As glórias que vêm tarde já vêm frias."

○ Registro paroquial da Igreja Matriz N. S. da Conceição de Antonio Dias, ano 1765, que legitima o casamento dos pais de Marília. Lê-se:

"Aos vinte e sete dias do mes de agosto do ano mil sete centos e sessenta e cinco, pelas cinco horas da tarde, nesta freguesia, em o Oratório de Donna Francisca Seyxas da Fonseca, viúva do Tenente General Bernardo da Sylva Ferrão com dispensas de Banhos ante matrimonium, e Despacho do ilustríssimo e Reverendíssimo o Senhor Vigário Capitular, o Doutor Ignácio Corrêa de Sá por não constar haver impedimento cannônico em presença do Reverendo Vigário desta freguesia o Doutor João de Oliveyras Magalhães se casarão por palavras do presente, Balthazar João Mayrink, filho legítimo de Antonio Corrêa Mayrink já defunto, e da sua mulher Maria do Rozário, natural e baptizado na freguesia da Sé do Bispado do Rio de Janeiro e moradores na freguesia de Nossa Senhora do Pilar do Ouro Preto: a Donna Maria Joaquina Dorothea de Seyxas filha legitima do dito Tenente General Bernardo da Silva Ferrão, e de sua mulher Donna Francisca Seyxas da Fonseca, natural, baptizada e moradora nesta freguesia de Nossa Senhora da Conceição de Villa Rica. Ao que foram testemunhas: O Ilustríssimo e Excelentíssimo General desta Capitania das Minas Gerais Luiz Diogo Lobo da Silva; e o Ajudante da Ordem João Carlos Xavier da Sylva Ferrão. Do que para constar faço este assento, que assignei.

O Coadjutor Bernardo José da Encarnação.

Luiz Diogo Lobo da Sylva.
João Carlos Xavier da Sylva Ferrão."

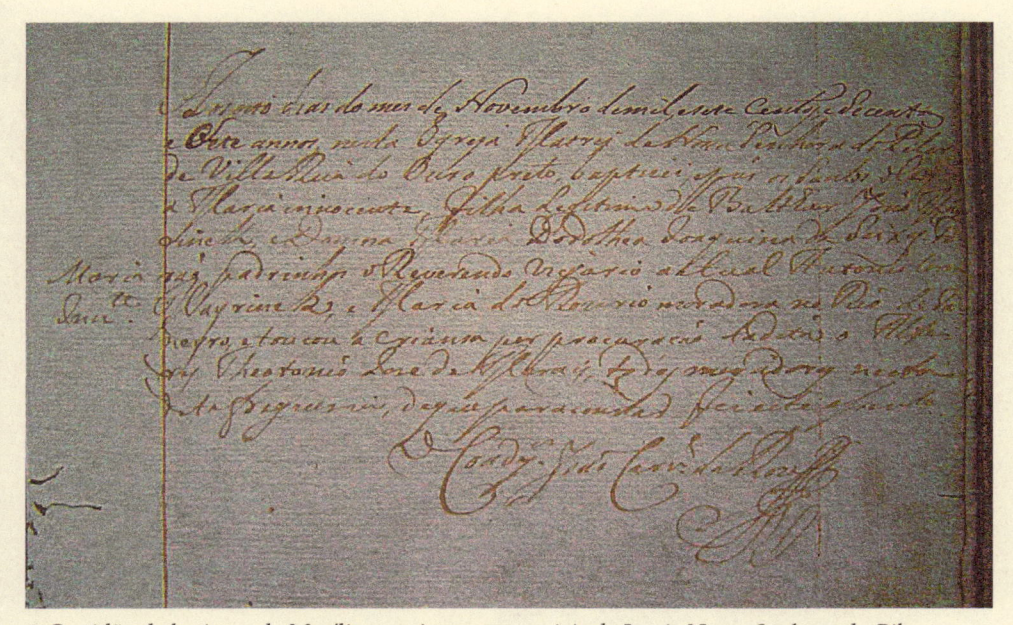

○ Certidão de batismo de Marília – registros paroquiais da Igreja Nossa Senhora do Pilar.

"Aos oito dias do mes de Novembro de mil sete centos e secenta e sete annos, nesta Igreja Matriz da Nossa senhora do Pilar de Villa Rica do Ouro preto, baptizei, e pus os Santos óleos a Maria innocente, filha Legitima de Balthazar João Mayrinck, e Donna Maria Dorothea Joaquina de Seixas. Forão padrinhos o Reverendo vigário actual Antonio Corrêa Mayrinck, e Maria do Rosário moradora no Rio de Janeiro, e tocou a criansa por procuração da dita o Alferes Theotonio José de Morais, todos moradores nesta dita freguesia de que para contar fiz este assento.

O Coadjutor João Carvalho da Rosa."

○ Réplica da pia batismal da Matriz de Nossa Senhora do Pilar, onde Marília foi batizada. A pia é toda esculpida em pedra-sabão, e no entalhe da base uma data revela a confecção da original: 1742.

◐ Caligrafia e assinaturas do ouvidor da Comarca de Vila Rica e poeta árcade ultramarino Dr. Thomas Antonio Gonzaga.

◐ Assinatura do advogado e poeta ultramarino Cláudio Manoel da Costa, constante no poema "Vila Rica" de 1773.

◐ Trechos da dedicatória no poema "Vila Rica", de Cláudio Manoel da Costa, a José Antonio Freire de Andrade – Conde de Bobadela. A edição foi copiada do poeta no ano de 1773 para ser presenteada ao conde. Nos detalhes, pode-se apreciar a esmerada caligrafia.

○ A única caligrafia existente e conhecida de Marília é a que se encontra em seu testamento, escrito a próprio punho em outubro de 1836, quando ela já contava 69 anos de idade. Sua assinatura foi sempre a mesma, desde a mais tenra idade até a mais avançada. Na primeira assinatura ao lado, pertencente ao testamento, podemos ver a letra "i" colocada no segundo nome durante os trabalhos de restauração, descaracterizando a assinatura original.

○ Assinaturas do Dr. Anacleto Teixeira de Queiroga e de D. Francisca de Paula Manso de Seixas, herdeiros universais no testamento de Marília.

Testamento de Maria Dorothea Joaquina de Seixas.

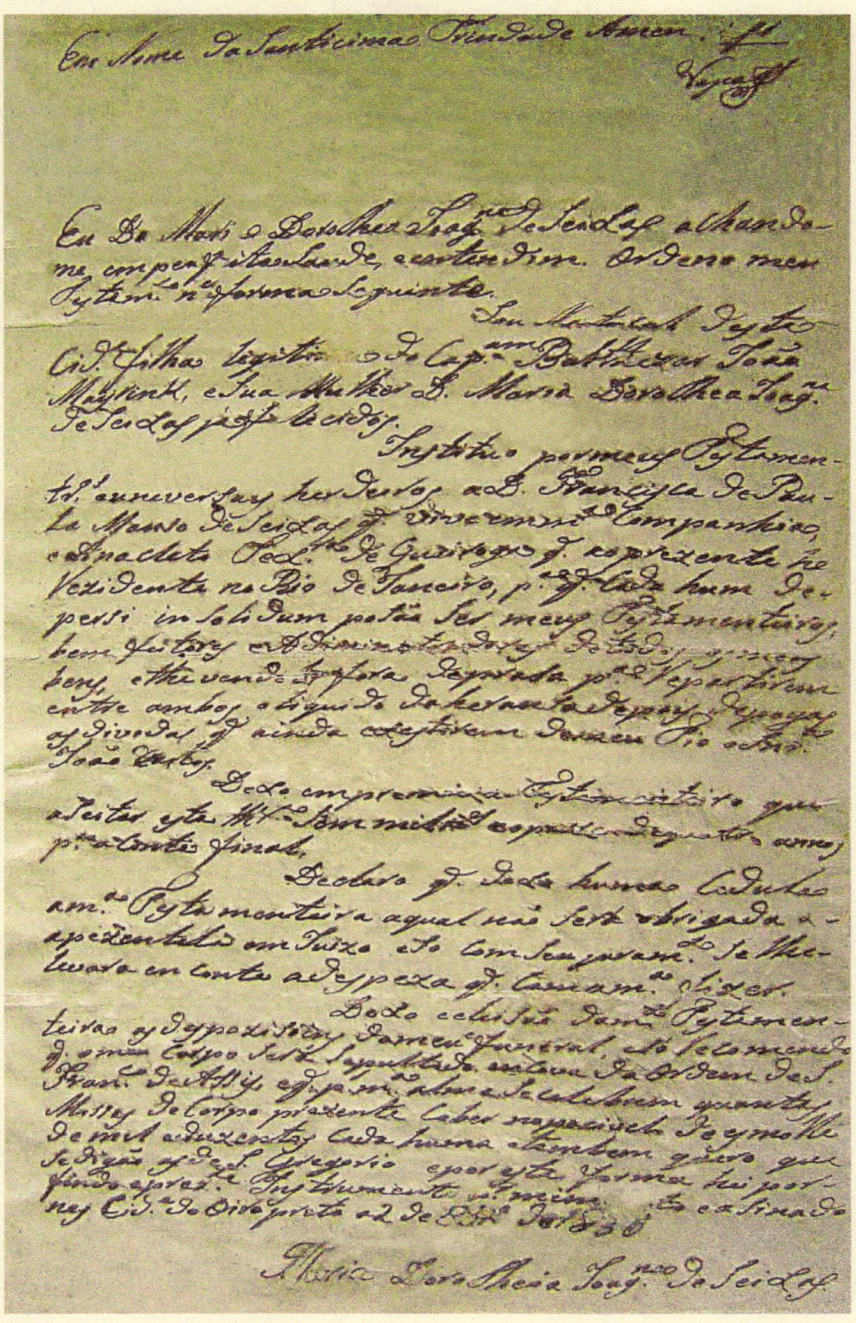

Folha 1

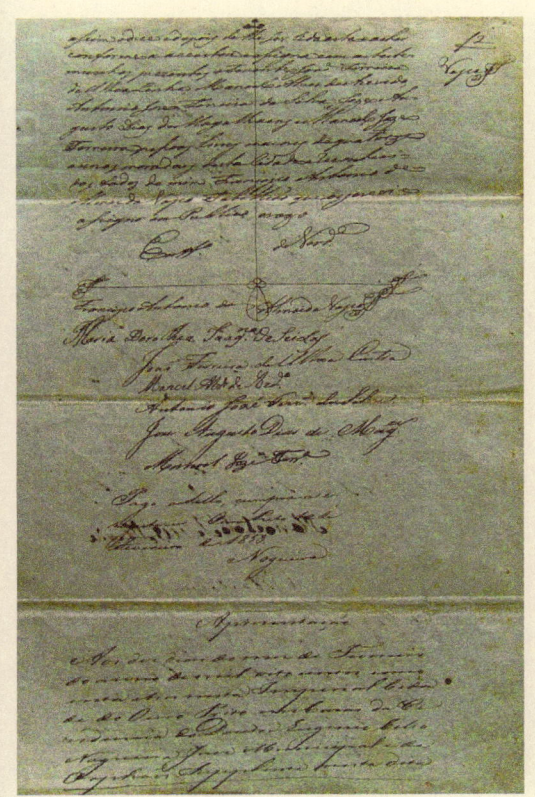

Folha 2

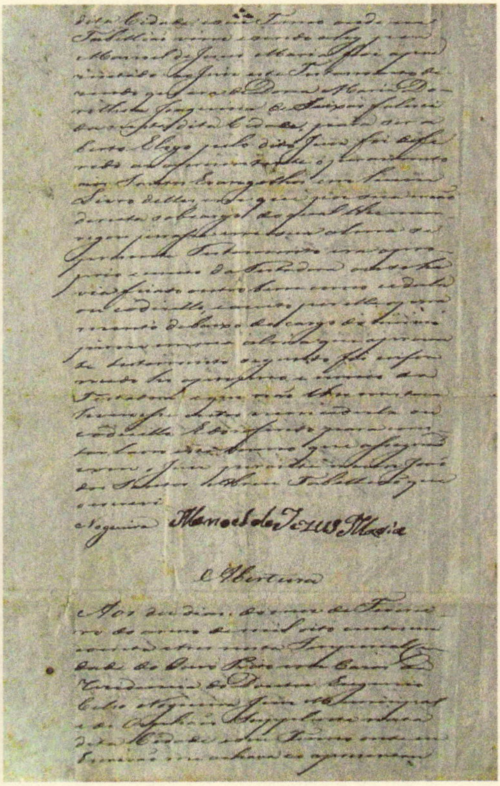

Folha 2 – verso

Transcrição do testamento

Folha 1

Em Nome da Santicima Trindade Amem
f.1
Vasco

Eu D. Maria Dorothea Joaq.na de Seixas, achando-me em perfeita saúde e entendim.to Ordeno meu Testam.to na forma seguinte.

Sou natural desta Cid.e filha legitima do Cap.am Balthezar João Mayrink, e sua Mulher D. Maria Dorothea Joaq.na De Seixas já falecidos.

Instituo por meus Testamenter.os e universais herdeiros a D. Francisca de Paula Manso de Seixas q.' vive em m.a Companhia, e Anacleto Teix.ra de Queiroga q.' ao prezente he rezidente no Rio de Janeiro, p.a q.' cada hum de- persi in solidum posão ser meus Testamenteiros, bem feitores e Administradores de todos os meus bens, athé vendel os fora de prasa p.a repartirem entre ambos o liquido da heransa depois de pagas as dividas, q.' ainda existirem de meu Tio o Snr.' João Carlos.

Dexo em premio ao Testamenteiro que aseitar esta tttr.a sem mil reis e o prazo de quatro annos p.a a conta final;

Declaro q.' dexo huma Cédula a m.a Testamenteira a qual não sera obrigada a aprezentala em Juízo e só com seu juram.to se lhe- levará em conta a despeza q.' com a m.a fizer.

Dexo a eleisão da mi.nhá Testamenteira as dispozisoins do meu funeral, só recomendo q.' o meu corpo será sepultado em cova da Ordem de S. Fran.co de Assis, e q.' p.r m.a alma se celebrem quantas Missas de Corpo presente caber no pocível de esmolla

Maria Dorotheia Joaq.na de Seixas

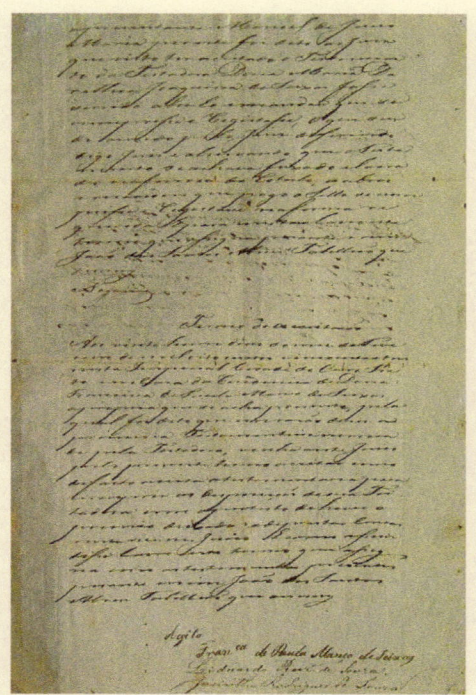

Folha 3

Folha 3 – verso

Verso da folha 1

Approvação

Aos dezeseis dias do mez de Mayo, digo Anno do Nascimento de Nosso Senhor Jesus Christo de mil oitocentos e quarenta décimo nono da Independência e do Império do Brazil aos dezeseis dias do mez de Mayo do dito anno nesta Imperial Cidade do Ouro Preto em a Freguezia de Antonio Dias em cazas de morada de Dona Maria Dorothea Joaquina de Seixas onde eu Tabellião ao diante nomeado vim a chamado da mesma, e sendo ella prezente a própria de que tracto e dou minha fé por ella me foi apresentada huma folha de papel escripta o seu Testamento por ella mesma todo escripto e assignado e que me requeria o approvasse para sua validade, e que supposto não estivesse enferma mas de perfeita saúde, deliberava a sua approvação por não demoral-a mais tempo por isso que estando feito desde a data do mesmo constante, nada tinha a alterar em sua disposição, e só sim quanto ao premio que será de quatrocentos mil réis e não de cem como havia declarado. E fazendo-lhe as perguntas do estilo e pelas respostas que me deu achei

estar ella em seu perfeito juízo segundo meu parecer e o das testemunhas prezentes. E logo o passei pelos olhos e achando-o sem vicio borrão ou entrelinhas o numerei e rubriquei com a minha rubrica que diz ~Vasco.~ E logo dei principio a esta approvação de testamento que approvo e hey por approvado tanto quanto posso e sou obrigado em razão de meu officio, estando o mesmo conforme as Leis de Sua Magestade o Imperador q.' D.s guarde, as cujas justiças roga a testadora cumprão este revoga outro qualquer que dantes houvesse feito e só quer que valha o prezente. Em testemunho de verdade

Folha 2

f.2
Vasco

assim o dice e depois de lhe ser lida esta e achar conforme a acceitou e assigna com as testemunhas prezentes o Tenente João Ferreira de Ulhoa Cintra, Manoel Alves de Azevedo, Antonio José Ferreira da Silva , José Au- gusto Dias de Magalhaens e Manoel

José Ferreira pessoas livres maiores de quatorze annos moradores desta Cidade e reconheci- dos todos de mim Francisco Antonio de Almeida Vasco e Tabellião que escrevi e assigno em publico razo.

Em tt.o da Verd.de

Francisco Antonio de Almeida Vasco
Maria Dorothea Joaq.na de Seixas
João Ferreira de Ulhoa Cintra
Manoel Alves de Azv.do
Antonio José Ferr.ra da Silva
José Augusto Dias de Mag.ens
Manoel José Ferr.a

Pago o sello,
cumpra-se e registre-se Ouro Preto 10 de Fevereiro de 1853.
Nogueira

Apresentação

Aos dez dias do mês de Fevereiro do anno de mil e oito centos e cinco enta e três nesta Imperial Cida de do Ouro Preto em Casas da Re sidencia do Doutor Eugenio Celso Nogueira Juiz Municipal e de Orphãos Supplente nesta dita

Verso da folha 2

dita Cidade com Termo onde eu Tabellião vim e sendo ahy por Manoel de Jesus Maria foi apre sentado ao Juiz este Testamento di zendo que era de Dona Maria Do - rothea Joaquina de Seixas falescida nesta dita Cidade, para ser a berto. E logo pelo dito Juiz foi defe rido ao apresentante o juramento aos Santos Evangelhos em hum Livro delles em que poz sua mão direita sobcargo do qual lhe encar regou jurasse em sua alma se presente Testamento era oproprio e único da Testadora ou se há via ficado outro bem como cédula ou codicillo, e aceito por elle o jura mento debaixo do cargo do mesmo jurou em sua alma que opresen te testamento segundo foi infor mado he oproprio e único da Testadora e que não lhe constava houv esse outro nem cédula ou codicillo. E do referido para cons tar lavro este termo que assignão com o Juiz perante mim João dos Santos Abreu Tabellião que o escrevi .
Nogueira
Manoel de Jesus Maria

Abertura

Aos dez dias do mez de Feverei ro de do anno de mil oito centos cin coenta e três nesta Imperial ci dade do Ouro Preto, em Casas da Rezidencia do Doutor Eugenio Celso Nogueira Juiz Municipal de Orphãos Supplente nesta dita Cidade e seu Termo onde eu Escrivão me achava e o apresentam

Folha 3

apresentante Manoel de Jesus Maria por este foi dito ao Juiz que visto ter aceitado o Testamen to da Testadora Dona Maria Do rothea Joaquina de Seixas fosse servido abril-o e mandar que se cumprisse e Registrasse, o que sen do ouvido pelo Juiz observando digo Juiz e observando que o Testa mento se acha feixado e lacra do na forma de rotulo o abriu e mandou que pago o sello se cum prisse e Registrasse na forma re querida. E para constar lavro este termo que assigna perante mim João dos Santos Abreu Tabellião que escrevi.

Nogueira

Termo de aceitação

Aos vinte hum dias do mez de Feve reiro de mil oito centos e cincoenta e três nesta Imaperial Cida de do Ouro Pre to em Caza da Rezidencia de Dona Francisca de Paulo Manso de Seixas apropria que se acha presente pela qual foi dito que em razão de ser a primeira Testamenteira nomea da pela Testadora vinha a este Juízo pelo presente termo aceitar como de facto aceita a testamenteira para cumprir as disposições de sua Tes tadora com o protesto de haver o premio deixado e de prestar contas neste mesmo Juízo. E como assim disse lavro este termo que assig na com as testemunhas presentes perante mim João dos Santos Abreu Tabellião que escrevi.

Açeito

Fran.ca de Paula Manço de Seixas
Liduardo Roiz de Souza
Jacintho Rodrigues de Souza

Verso da folha 3

Testamento de Dona Maria Dorotheia Joaquina De Seixas moradora nesta freguezia de Antonio Dias approvado por mim Tabellião abaixo assignado cozido com cinco pontos de linha verde de algodão dobrado e lacrado com outros tantos pingos de lacre vermelho por banda. Imp.al Cidade do Ouro Preto 16 de Mayo de 1840

o Tabellião Francisco Antonio de Almeida Vasco.

N6   p480
Pague quatro centos e oitenta
O. P. 10 de Fevereiro de 1853

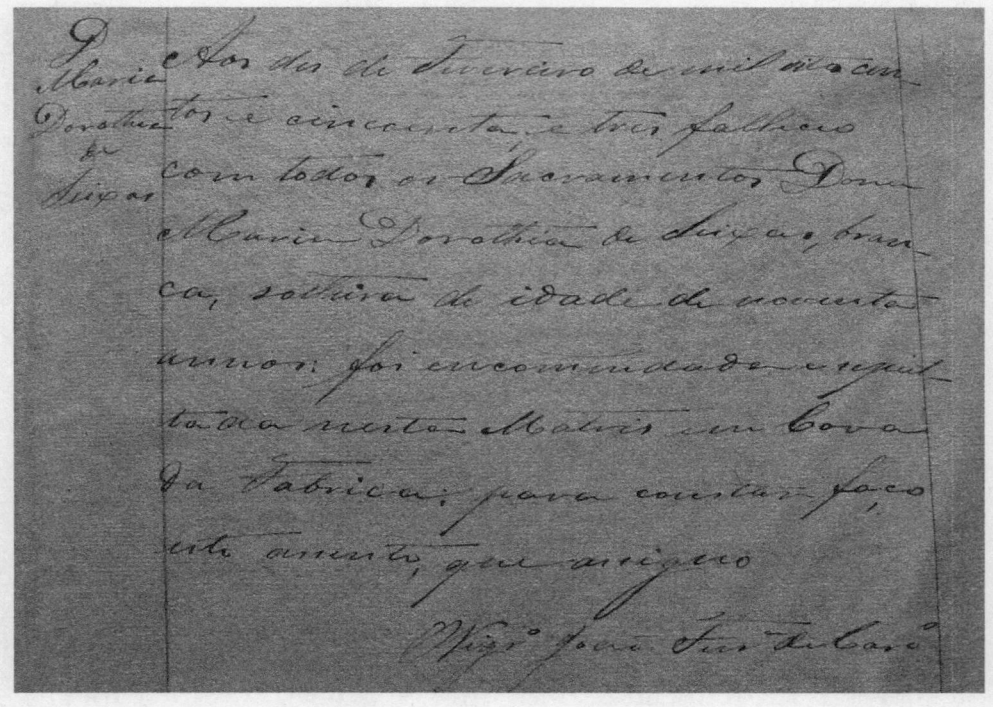

◐ "Aos des de Fevereiro de mil oito centos e cincoenta e tres falleceo com todos os Sacramentos Dona Maria Dorothea de Seixas, branca, solteira de idade de noventa annos: foi encomendada e sepultada nesta Matriz em Cova da Fabrica: para constar faço este assento que assigno.

O Vigário João Ferreira de Carvalho."

Marília não faleceu aos 90 anos, conforme registra seu obituário, mas sim aos 85 anos, quatro meses e seis dias. O termo "cova da fabrica" significa "cova da irmandade da igreja". Esse atestado consta dos registros paroquiais da Igreja Matriz Nossa Senhora da Conceição de Antonio Dias, em Ouro Preto.

○ Igreja Nossa Senhora da Conceição de Antonio Dias, onde Marília foi enterrada, junto com alguns de seus parentes mais próximos. No detalhe, à direita, a sepultura n. 11, que fica bem em frente ao altar-mor, onde inicialmente Marília foi sepultada.

◐ Mesa que, segundo a tradição oral, teria sido doada por Marília, ainda em vida, à Terceira Ordem da Nossa Senhora das Dores. Atualmente, encontra-se exposta no Museu do Aleijadinho, em Ouro Preto, com uma acanhada placa indicativa. O móvel é uma mesa de encostar tipicamente brasileira, de madeira lavrada, tampo recortado do tipo D. José I e pés de cabra. Suas características são autênticas do período colonial brasileiro de fins do século XVIII.

◐ Espelho que pertenceu ao mobiliário da Fazenda Fundão das Goiabas, atual Fazenda Mayrink, em Itaverava. O magnífico espelho de cristal, que deveria ser parte integrante de alguma antiga cômoda, encontrava-se abandonado num paiol de milho.

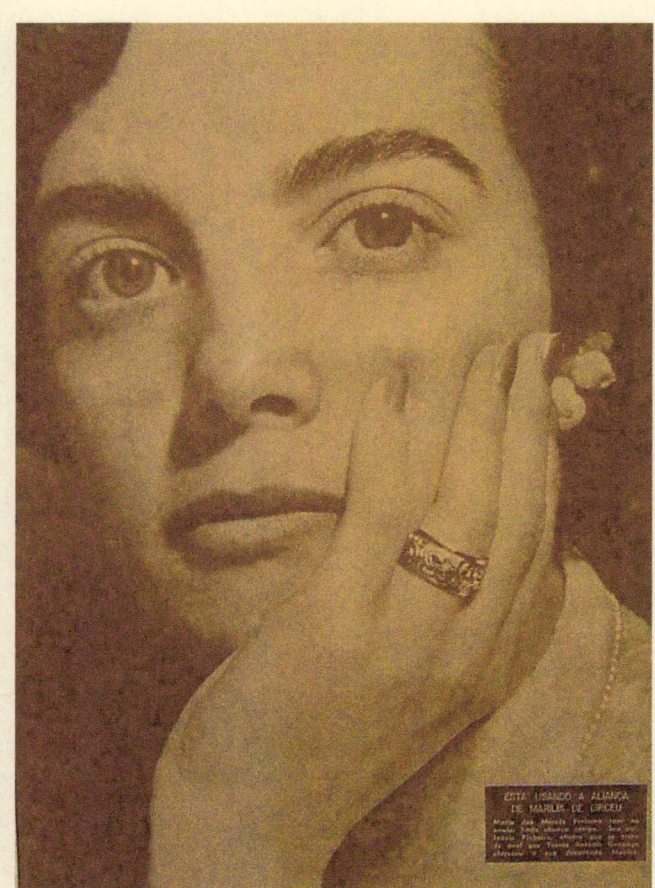

◐ Aliança que supostamente foi dada a Marília por Gonzaga. O modelo e o desenho da peça, com flores e búzios em seu relevo, são típicos das alianças usadas como dote de casamento durante o período barroco do século XVIII. Ao lado, Maria das Mercês Pinheiro, a D. Pinheirinha, exibe o lendário anel de Marília em foto para a revista *O Cruzeiro* (ano XXV, n. 13, 1953). No rodapé da página 30 dessa revista, constam os seguintes dizeres: "Sua filha, a senhorita Maria das Mercês Pinheiro, usa linda aliança antiga. Inácio Pinheiro afirma que se trata da aliança que o poeta e desembargador Thomas Antonio Gonzaga ofereceu a sua noiva Marília. O caso de amor mais famoso do Brasil no crepúsculo do século XVIII".

◐ Um dos mitos mais propagados sobre Gonzaga e Marília é que o poeta estaria, nas vésperas de seu casamento (maio de 1789), bordando um vestido. Romanceiros da história atribuem à lenda os depoimentos de Gonzaga e o fato de que entre os bens sequestrados se encontrasse um dedal de ouro. Na imagem ao lado vemos um requintado dedal de ouro típico do século XVIII, muito utilizado tanto por homens quanto por mulheres.

◐ A primeira figura é a lendária imagem da visão de São Alberto Carmelita. Segundo consta, em seu verso se encontram os seguintes dizeres, com caligrafia da própria Marília: "Feito por D. Maria Dorothea Joaquina de Seixas em 1798". A segunda figura é a imagem de São José, também atribuída a Marília.

◐ Imagem de Maria Madalena atribuída a Marília. No rodapé, há uma frase em francês arcaico cuja tradução aproximada seria: "O fruto de uma perfeita conversão como daquela Madalena é chorar, sem cessar, nossos pecados. E, como nós fizemos, de servir os membros do nosso corpo. Temos a impureza e temos a injustiça para cometer a iniquidade, nós os temos deformado servindo a justiça para nossa santificação".

◐ Registro da chegada a Ouro Preto das urnas contendo os restos mortais dos inconfidentes e da saída do percurso desde a estação ferroviária, passando pela antiga Rua Direita, chegando ao Museu da Inconfidência. A repatriação dos restos foi organizada e liderada por Augusto de Lima Junior, em 1936.

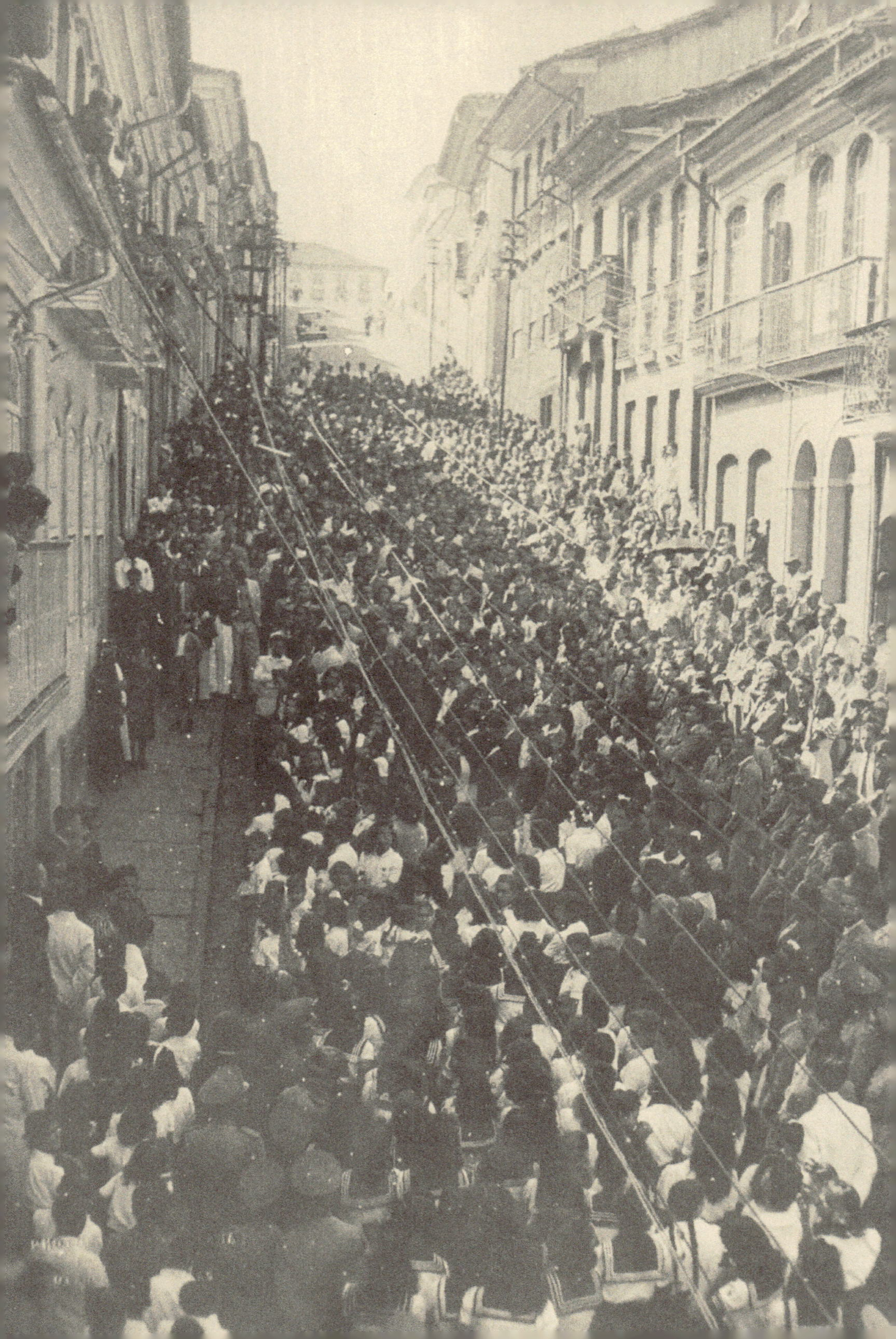

◐ O Panteão dos Inconfidentes, espaço dentro do Museu da Inconfidência, em Ouro Preto, onde estão depositados os restos dos conjurados, inclusive os de Gonzaga, ao lado do primo Alvarenga Peixoto.

◐ Salão no Museu da Inconfidência, em Ouro Preto, onde estão restos de Marília e de Bárbara Heliodora.

◐ Tumba onde estão os restos de Thomas Antonio Gonzaga, repatriados da África em 1936.

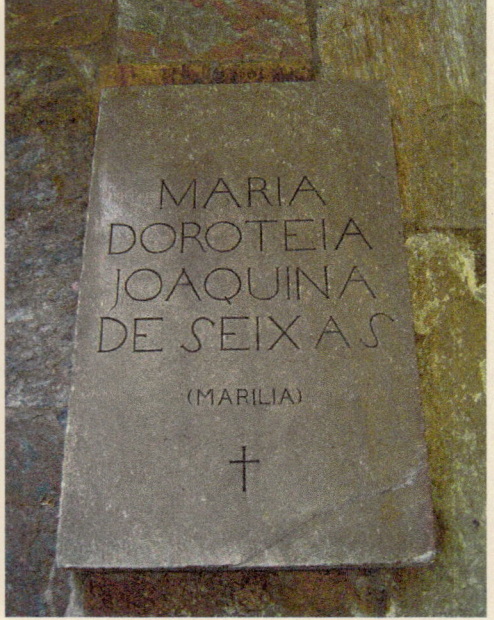

◐ Tumba de Maria Dorothea Joaquina de Seixas, a Marília de Dirceu. Seus restos estão aí depositados desde 1955, quando foram exumados e transferidos da Igreja Matriz de Antonio Dias para o Museu da Inconfidência.

Nota

O produto para a cultura acadêmica, aquele fornecido por historiadores, busca garantir ao sistema educativo conteúdos estruturados em fontes primárias de pesquisa. Este romance biográfico não tem a intenção de ser especificamente tal produto, e sim registrar de maneira romanesca uma das maiores personalidades da história colonial brasileira, buscando, no entanto, embasar a narrativa no rigor da realidade.

O pesquisador trabalha com fotografias, obras literárias, registros paroquiais e civis, além de outras inúmeras fontes do patrimônio cultural. Quando se dedica a expor os fatos à fiel luz da verdade, examina tais documentos com a seriedade de colocá-los na sua devida relevância e fidelidade – o que estou convicta de haver encontrado no trabalho de Alexandre Ibañez.

Ibañez, entre outros atributos, teve o de marcar fortemente os estudos sobre Marília com vasta referência bibliográfica. A força da sua pesquisa é inegável. Por isso, optei fugir dessa estrutura de argumentação. Caso não o fizesse teria de produzir o dobro do volume agora publicado em notas de rodapé que julgo desnecessárias, pois já estão consignadas na pesquisa do próprio Alexandre Ibañez.

Uma bibliografia nunca é completa, pois além dos trabalhos adrede consultados existe, por assim dizer, na nossa memória um *fundo bibliográfico* composto por obras que abrangem o tema estudado.

Assim, sem receio de contrariar a praxe de qualquer obra biográfica, deixo de mencionar *Marília de Dirceu* e as *Cartas chilenas* e resumo a unidade bibliográfica numa única referência: o livro de Alexandre Ibañez, *Maria Dorothea – a musa revelada* (2006, edição do autor).

Staël Gontijo

Fontes consultadas por Alexandre Ibañez

Instituições pesquisadas

Arquivo da Casa dos Contos de Ouro Preto

Arquivo do Museu de Arte Sacra (Ouro Preto)

Arquivo do Núcleo de Memória da Universidade Federal de Ouro Preto

Arquivo Eclesiástico da Arquidiocese de Mariana

Arquivo Nacional do Rio de Janeiro

Arquivo Paroquial da Igreja Matriz de Santo Antonio (Itaverava)

Arquivo Paroquial da Igreja Matriz Nossa Senhora da Conceição de Antonio Dias (Ouro Preto)

Arquivo Paroquial da Igreja Matriz Nossa Senhora do Pilar de Ouro Preto

Arquivo Público Mineiro de Belo Horizonte

Biblioteca Nacional do Rio de Janeiro

Biblioteca Publica de Ouro Preto

Câmara Municipal de Ouro Preto

Casa do Pilar (Ouro Preto)

Centro de Referências Luso-Brasileira do Museu Histórico Nacional do Rio de Janeiro

Museu Aleijadinho (Ouro Preto)

Museu da Inconfidência Mineira (Ouro Preto)

Museu do Ouvidor (Ouro Preto)

Documentos manuscritos e fontes primárias

Anuários do Museu da Inconfidência

Autos da Devassa da Inconfidência Mineira

Autos do depoimento de Tiradentes (1789 a 1791). Autos de perguntas feitas ao Alferes Joaquim José da Silva Xavier. Disponível em: <http://www.dhnet.org.br/direitos/anthistbr/brasilcolonia/tiradentes_1789.htm>.

Carta denuncia de Joaquim Silvério dos Reis ao visconde de Barbacena. Disponível em: <http://marcondes.jimdo.com/documentos_histyoricos.php>. Documentos da Câmara Municipal de Ouro Preto

Documentos da Casa do Pilar

Documentos da Casa dos Contos

Documentos da Seção Colonial do Arquivo Público Mineiro (coleção APM)

Documentos do Museu de Arte Sacra de Ouro Preto

Jornais e notas de viagem do imperador D. Pedro II

Registros Paroquiais da Igreja Matriz da Nossa Senhora do Pilar

Registros Paroquiais da Igreja Matriz Nossa Senhora da Conceição de Antonio Dias

Revistas do Arquivo Público Mineiro

Revistas do Instituto Histórico e Geográfico Brasileiro

Revistas do Instituto Histórico e Geográfico de Minas Gerais

Bibliografia

ANDRADE, Carlos Drummond de. *Brasil, terra & alma*. Rio de Janeiro: Marques Rabelo; São Paulo: Luis Martins, 1967.

ANTONIL, André João. *Cultura e opulência do Brasil*. Brasília: INL, 1976.

ÁVILA, Affonso; GONTIJO, João Marcos Machado; MACHADO, Reinaldo Guedes. *Barroco mineiro glossário de arquitetura e ornamentação*. Belo Horizonte: Fundação João Pinheiro, Centro de Estudos Históricos e Culturais, 1996.

ÁVILA, Cristina. V*inho de rosas: iconografia e costumes*. Belo Horizonte: Vinho de Rosas Produções Artísticas, 2001.

BANDEIRA, Manuel. *Guia de Ouro Preto*. Rio de Janeiro: Ediouro, 2000.

BARBOSA, Waldemar de Almeida. *Dicionário histórico-geográfico de Minas Gerais*. Belo Horizonte: Itatiaia, 1995.

BARREIROS, Eduardo Canabrava. *Episódios da guerra dos Emboabas e sua geografia*. São Paulo: Edusp; Belo Horizonte: Itatiaia, 1984.

BARRETO, Antonio. *A barca dos amantes*. Belo Horizonte: Lê, 1990.

BOTELHO, Ângela Vianna; REIS, Liana Maria. *Dicionário Histórico Brasil: Colônia e Império*. Belo Horizonte: Autêntica, 2003.

BOTELHO, Ângela Vianna; ROMEIRO, Adriana. *Dicionário histórico das Minas Gerais*. Belo Horizonte: Autêntica, 2003.

BRANDÃO, Beatriz. *Marmota Fluminense - Jornal de Variedades*, n. 348, Biblioteca Nacional - microfilme - PRSOR 00284[2-4].

BRANDÃO, Thomas. *Marília de Dirceu*. Belo Horizonte: Typographia Guimarães, 1932.

BUENO, Eduardo. *A viagem do descobrimento: a verdadeira história da expedição de Cabral*. Volume I. Rio de Janeiro: Objetiva, 1998.

BUENO, Eduardo. *Capitães do Brasil: a saga dos primeiros colonizadores*. Volume III. Rio de Janeiro: Objetiva, 1998.

BUENO, Eduardo. *Náufragos, traficantes e degredados: as primeiras expedições ao Brasil, 1500-1531*. Volume II. Rio de Janeiro: Objetiva, 1998.

BURTON, Richard Francis. *Viagem do Rio de Janeiro ao Morro Velho*. São Paulo: Edusp; Belo Horizonte: Itatiaia, 1976.

CAMPOLINA, Alda Maria Palhares. *Escravidão em Minas Gerais*. Belo Horizonte: Secretaria do Estado da Cultura/Arquivo Público Mineiro/COPASA-MG, 1988.

CANDIDO, Antonio. *Formação da Literatura Brasileira (momentos decisivos)*. Volume I (1750-1836). Belo Horizonte: Itatiaia, 1993.

CARNEIRO, David. *Marília, um novo julgamento da inspiradora de Gonzaga*. Belo Horizonte: Imprensa Oficial, 1952.

COSTA, Antonio Gilberto; RENGER, Friedrich Ewald; FURTADO, Júnia Ferreira; SANTOS, Márcia Maria Duarte dos. *Cartografia da conquista do território das Minas*. Belo Horizonte: UFMG; Lisboa: Kapa Editorial, 2004.

DEL PRIORE, Mary. *Mulheres no Brasil colonial*. São Paulo: Contexto, 2003.

DRUMMOND, Aristóteles. *Minas*. Belo Horizonte: Armazéns de Idéias, 2002.

ERMAKOFF, George. *O negro na fotografia brasileira do Século XIX*. Rio de Janeiro: George Ermakoff Casa Editorial, 2004.

ERMAKOFF, George; GUTIERREZ, Juan. *Imagens do Rio de Janeiro, 1892-1896*. Rio de Janeiro: Capivara, 2001.

FALCÃO. Edgar de Cerqueira. *Brasil pitoresco, tradicional e artístico V - Relíquias da Terra do Ouro*. São Paulo: S.A. Indústrias Graphicas - F. Lanzara, 1956.

FAZENDA, José Vieira. *Antiqualhas e memórias do Rio de Janeiro*. Rio de Janeiro: Imprensa Nacional, 1921.

FERRAND, Paul. *O ouro em Minas Gerais*. Belo Horizonte: Fundação João Pinheiro, 1998.

FIGUEIREDO, Luciano Raposo de Almeida. *O avesso da memória: cotidiano e trabalho da mulher em Minas Gerais no século XVIII*. Rio de Janeiro: José Olympio, 1993.

FRIEIRO, Eduardo. *Como era Gonzaga?* Belo Horizonte: Imprensa Oficial da Secretaria da Educação de Minas Gerais, 1950.

FRIEIRO, Eduardo. *Feijão, angu e couve*. Belo Horizonte: Itatiaia, 1982.

FRIEIRO, Eduardo. *O diabo na livraria do cônego*. São Paulo: Edusp; Belo Horizonte: Itatiaia, 1981.

FURTADO, João Pinto. *O manto de Penélope: história, mito e memória da Inconfidência Mineira de 1788-9*. São Paulo: Companhia das Letras, 2002.

GOMES, João Batista de Magalhães. *Documentário sobre Marília de Dirceu*. Rio de Janeiro: Ministério da Educação e Cultura-Serviço de Documentação, 1966.

GONÇALVES, Adelto. *Gonzaga, um poeta do iluminismo*. Rio de Janeiro: Nova Fronteira, 1999.

GONZAGA, Tomás Antonio. *Marília de Dirceu*. Rio de Janeiro: Ediouro, 1997.

GONZAGA, Tomás Antonio. *Marília de Dirceu/Cartas Chilenas* (texto integral). São Paulo: Martin Claret, 2002.

GONZAGA, Tomás Antonio. *Obras Completas*. Edição critica de Rodrigues da Lapa. São Paulo: Companhia Editora Nacional, 1942.

GRIECO, Donatello. *História Sincera da Inconfidência Mineira*. Rio de Janeiro: Record, 1990.

GUIMARÃES, A. C. D'Araujo. *A triste aventura do mavioso Dirceu*. Rio de Janeiro: Irmãos Pignetti, 1938.

GUSTAFSON, Maj. *Vila Rica, Ouro Preto (Sanning och Sagen)*. Belo Horizonte: Una Graphos, 1983.

HELENA, Lucia. *Tomás Antonio Gonzaga, 1744-1810*. Rio de Janeiro: Agir, 1985.

JOSÉ, Oiliam. *Tiradentes*. Belo Horizonte: Imprensa Oficial, 1974.

JÚNIOR, Frota. *A epopéia de um homem maduro: baseada na história e na lenda*. São Paulo: Cupolo, 1942.

LAGO, Pedro Corrêa do. *Documentos & Autógrafos brasileiros na coleção de Pedro Corrêa do Lago*. São Paulo: Sextante, 1997.

LAPA, M. Rodrigues. *Vida e obra de Alvarenga Peixoto*. Rio de Janeiro, INL, 1960.

LEAL, Waldemar Rodrigues de Oliveira. *Marília e Dirceu, genealogia e diversos*. Belo Horizonte: Expressa, 1990.

LESSA, Maria Araci. *Ouro Preto do meu tempo*. São Paulo: IBRASA; Brasília: INL, 1980.

LEY, Emmanuel Eduardo Gaudie. *Gonzagueana da Bibliotheca Nacional*. Rio de Janeiro: Biblioteca Nacional, [s.d.].

LIMA JÚNIOR, Augusto de. *A capitania das Minas Gerais*. São Paulo: Edusp; Belo Horizonte: Itatiaia, 1978.

LIMA JÚNIOR, Augusto de. *História da Inconfidência de Minas Gerais*. Belo Horizonte: Itatiaia, 1968.

LIMA JÚNIOR, Augusto de. *O amor infeliz de Marília de Dirceu*. Belo Horizonte: Itatiaia, 1998.

LOPES, F. Antonio. *Os palácios de Vila Rica*. Belo Horizonte: Imprensa Oficial, 1955.

MAGALHÃES, Aline Montenegro. *Colecionando Relíquias - Um estudo sobre a Inspetoria de Monumentos Nacionais (1934-1937)*. Dissertação de mestrado. Rio de Janeiro: IFCS - UFRJ, 2004.

MATA, Sérgio da. *Chão de Deus: Catolicismo popular, espaço e proto-urbanização em Minas Gerais, Brasil. Séculos XVIII-XIX*. Berlim: Wissenschaftlicher Verlag Berlin, 2002.

MAWE, John. *Viagens ao interior do Brasil*. Belo Horizonte: Itatiaia, 1978.

MAXWELL, Kenneth. *A devassa da devassa: A inconfidência mineira, Brasil - Portugal, 1750 -1808*. São Paulo: Paz e Terra, 2001.

MENEZES, José Newton Coelho. *O continente rústico: abastecimento alimentar nas Minas Gerais setecentista*. Diamantina: Maria Fumaça Editora, 2000.

NOVAIS, Fernando A.; SOUZA, Laura de Mello e. *História da vida privada no Brasil: Cotidiano e vida privada na América portuguesa*; vol. 1. São Paulo: Companhia das Letras, 2002.

NOVAIS, Fernando A.; SOUZA, Laura de Mello e. *História da vida privada no Brasil: Império, a corte e a modernidade nacional*; vol. 2. São Paulo: Companhia das Letras, 2002.

OLIVEIRA, Almir de. *Gonzaga e a Inconfidência Mineira*. São Paulo: Edusp; Belo Horizonte: Itatiaia, 1985.

ROSOLIA, Orestes. *Marília, a noiva da inconfidência*. São Paulo: Anchieta Limitada, 1941.

RUSSO, Arnaldo; AMATO, Cláudio; NEVES, Irlei S. *Livro das Moedas do Brasil*. São Paulo: Perfecta, 2001.

SAINT-HILAIRE, Auguste de. *Viagem pelas províncias do Rio de Janeiro e Minas Gerais*. Belo Horizonte: Itatiaia, 2000.

SALLES, Fritz Teixeira de. *Vila Rica do Pilar*. Belo Horizonte: Itatiaia, 1966.

SANTOS, José de Almeida. *Manual do colecionador brasileiro*. São Paulo: Martins, 1950.

SANTOS, Márcio. *As estradas reais: introdução ao estudo dos caminhos do ouro e do diamante no Brasil*. Belo Horizonte: Estrada Real, 2001.

SILVA, Alberto da Costa e. *Castro Alves: um poeta sempre jovem*. São Paulo: Companhia das Letras, 2006.

SILVA, Joaquim Norberto de Souza. *Marília de Dirceu, Lyras de Thomas Antonio Gonzaga* - precedidas de uma noticia biographica e do juízo critico dos auctores estrangeiros e nacionaes - e das lyras escriptas em resposta as suas e acompanhadas de documentos históricos; tomo primeiro. Rio de Janeiro: B.L. Garnier, 1862.

SILVA, Joaquim Norberto de Souza. *Marília de Dirceu, Lyras de Thomas Antonio Gonzaga* - precedidas de uma noticia biographica e do juízo critico dos auctores estrangeiros e nacionaes - e das lyras escriptas em resposta as suas e acompanhadas de documentos históricos; tomo segundo. Rio de Janeiro: B.L. Garnier, 1862.

SOUZA, Laura de Mello e. *Norma e conflito. Aspectos da História de Minas no século XVIII*. Belo Horizonte: UFMG, 1999.

SOUZA, Laura de Mello e. *Opulência e misérias das Minas Gerais*. São Paulo: Brasiliense, 1983.

VASCONCELLOS, Silvio. *Vila Rica*. São Paulo: Perspectiva, 1973.

VASCONCELOS, Diogo de. *História Antiga das Minas Gerais*. Belo Horizonte: Itatiaia, 1999.

VASQUEZ, Pedro Karp. *Fotógrafos alemães no Brasil do século XIX*. São Paulo: Metalivros, 2000.

VERMEERSCH, Paula. *Dirceu de Marília: A interpretação da lírica de Gonzaga por Antônio Cândido*. Página de Publicações de Alunos do Instituto de Estudos da Linguagem-Unicamp, v. 1, p. 1-5, 2004. Disponível em: <http://www.unicamp.br/iel/site/alunos/publicacoes/textos/d00003.htm>.

VIEIRA, (Pe.) Antonio. Sermão da visitação de Nossa Senhora a Santa Isabel. In: *Obras Escolhidas*. v. X. São Paulo: Ver Curiosidades, 1951.

Créditos das imagens

10 Imagens idealizadas por © A. S. Ibañez, arte de Alfred A. de Aguiar

17 Coleção © Dona Tereza Cristina Maria, 1860, Acervo da Biblioteca Nacional; Acervo particular © Prof. Victor Vieira de Godoy, foto anônima, 1865

18 Acervo © Núcleo de Memória da Universidade Federal de Ouro Preto, foto anônima, 1895

19 Acervo © Arquivo da Casa do Pilar de Ouro Preto, foto anônima, 1882

20-21 Acervo © Museu da Inconfidência Mineira, foto anônima, 1870

22-23 © A. S. Ibañez

24 Coleção particular © George Ermakoff

25 Acervo © Instituto Moreira Sales

26 Acervo © Casa da Moeda do Brasil; Acervo © Rough Diamond World; © Ryan Thompson, The World of Rough Diamonds

27 Coleção © Dona Tereza Cristina Maria, 1875, Acervo da Biblioteca Nacional; © A. S. Ibañez

28-32, 193-196 © A. S. Ibañez

197 Acervo © Revista do Arquivo Público Mineiro; © A. S. Ibañez

198 Acervo da coleção © Pedro Corrêa do Lago, aquarela de 1849; Acervo do Núcleo de Memória da Universidade de Ouro Preto, fotografia de © Luiz Fontana

199 Acervo do Núcleo de Memória da Universidade de Ouro Preto, fotografia de © Luiz Fontana

200 Acervo do Núcleo de Memória da Universidade de Ouro Preto, fotografias de © Luiz Fontana; Acervo do Museu Nacional, fotografia de © Aline Montenegro Magalhães

201 Acervo do Núcleo de Memória da Universidade de Ouro Preto, fotografias de © Luiz Fontana

202 Acervo do Núcleo de Memória da Universidade de Ouro Preto, fotografia de © Luiz Fontana; © © A. S. Ibañez

203 Fotografia e efeito © A. S. Ibañez

204 © A. S. Ibañez

205 © A. S. Ibañez

206 Fotografias de Juan Gutierrez, 1893-1894, © George Ermakoff

207 Acervo © Museu da Inconfidência Mineira

208 Foto © A. S. Ibañez

209 Transcrição e fotos © A. S. Ibañez

210 Acervo do Arquivo Público Mineiro, fotos © A. S. Ibañez

211 Acervo do Arquivo Público Mineiro e documentos avulsos da Casa do Pilar de Ouro Preto, fotos © A. S. Ibañez

212-215 Acervo do Arquivo Público Mineiro , fotografia, revitalização digital e transcrição de © A. S. Ibañez

216 Transcrição e foto de © A. S. Ibañez

217-218 Fotos © A. S. Ibañez

219 © Revista *O Cruzeiro*, detalhe do anel, foto © A. S. Ibañez; © Leilões Ruby Lane Antiques Baroque

220 © Imagem de São Alberto: Revista de Arquivo Público Mineiro, 1902; Imagens de São José e de Maria Madalena: Acervo do Museu da Inconfidência Mineira, fotos de © A. S. Ibañez

221-222 Acervo do Núcleo de Memória da Universidade Federal de Ouro Preto, fotografias de © Luiz Fontana

223-224 © A. S. Ibañez

Este livro foi composto com tipografia Minion e impresso em papel Pólen Bold 90 g na Gráfica Edelbra.